本書の特色と使い方

この本は，国語の読解《どっかい》問題を集中的に学習できる画期的な問題集です。苦手な人も，さらに力をのばしたい人も，１日１単元ずつ学習すれば30日間でマスターできます。

1 「パターン別」と「ジャンル別」トレーニングで読解力を強化する

「指示語《しじご》」や「接続語《せつぞくご》」などを問うパターン別問題に取り組んだあとは，物語，説明文などのジャンル別問題にチャレンジします。さまざまな問題に慣《な》れることで，確《たし》かな読解力が身につきます。

2 反復《はんぷく》トレーニングで確実《かくじつ》に力をつける

数単元ごとに習熟度確認《しゅうじゅくどかくにん》のための「**まとめテスト**」を設《もう》けています。解《と》けない問題があれば，前の単元にもどって復習しましょう。

3 自分のレベルに合った学習が可能《かのう》な進級式

学年とは別の級別構成《こうせい》(12級～１級)になっています。「**進級テスト**」で実力を判定《はんてい》し，選んだ級が難《むずか》しいと感じた人は前の級にもどり，力のある人はどんどん上の級にチャレンジしましょう。

4 巻末《かんまつ》の「解答」で解き方をくわしく解説

問題を解き終わったら，巻末の「**解答**」で答え合わせをしましょう。「**考え方**」で，特に重要なことがらは「**チェックポイント**」にまとめてあるので，十分に理解しながら学習を進めることができます。

JN124506

読解力 4級

本書に関する最新情報は，当社ホームページにある本書の「サポート情報」をご覧ください。(開設していない場合もございます。)

1 **次の文章を読んで、あとの問いに答えなさい。**

どうやってわかるのかはわからないけれども、ネコたちは今もっとも快適《かいてき》な場所を①きわめて短時間でえらびだすことに②長《た》けている。冬、寒いときは、何もないところよりふとんの上、ふとんの上よりヒーターの近くのクッションの上、ヒーターのそばよりこたつの中というように、よりあたたかい場所をすぐみつける。

夏はその反対で、すこしでも日の当たらない、風通しがよくて涼《すず》しい場所をたちまちみつけだして、そこでごろんと横になる。だから、夏に家の中でいちばん涼しい場所をみつけようとしたら、まずネコがねころんでいる場所を探《さが》すことだ。そしてそのそばへ③陣《じん》どれば、おそらくは正解《せいかい》のはずである。

ただし、図体《ずうたい》の大きいぼくらが近くに座《すわ》りこめば、当然ながら風通しはわるくなりおまけにぼくらの体温で、そこはネコにとっては④もはや最良の場所ではなくなってしまう。そこでネコは、まもなくむっくり起きあがり、明らかに不満げなおももちでべつの場所を求めて立ち去ってしまう。

寒がりでないのはネコだけではない。たいていの哺乳類《ほにゅうるい》

↓解答は65ページ

(1) ①「きわめて」と同じ意味の言葉を次から選び、記号で答えなさい。

ア とても　イ わりと
ウ なぜか　エ うまく
（　　）

(2) ②「長けている」と同じ意味の「長」をふくむ言葉として最も適切《てきせつ》なものを次から選び、記号で答えなさい。

ア 長女　イ 身長
ウ 長所　エ 部長
（　　）

ヒント 「長ける」とは「すぐれている」という意味です。

(3) ③「陣どれば」とありますが、「陣どる」の使い方として、最も適切なものを次から選び、記号で答えなさい。

ア 多くの食べものを陣どる。
イ 弟が居間《いま》の一部を陣どる。
ウ 川でうなぎを陣どる。
エ 血液《けつえき》が体じゅうを陣どる。
（　　）

月　日

は、冬でも寒いなどとは思っていないらしい。それにはいくつかのしくみがある。一つはもちろん、彼《かれ》らの毛皮である。毛皮や皮製品《かわせいひん》を⑤身にまとうのはぼくの好むところではないが、毛皮製品を着たことのある人ならすぐわかるように、毛皮の断熱能力《だんねつのうりょく》はすばらしいものである。その毛皮で体がぴっちりおおわれている哺乳類は、ちょっとの寒さにはぜんぜん困《こま》らない。

とはいえ、毛皮も完全ではないから、体の熱はうばわれる。それを彼らはたえまない熱発生によっておぎなっている。つまり、体内の栄養分を酸化《さんか》して熱を発生させ、体温を一定に保《たも》つのである。そのためには、彼らはたくさん食べねばならない。食べるためには、寒い中を歩きまわらねばならない。こういう⑥いたちごっこがあるわけだが、そのためにも彼らは、寒いなどといってはいられないのである。

このいたちごっこがしんどいと思う哺乳類もすこしはいる。たとえばヤマネやある種のリスなどがそれである。こういう動物は、冬は冬眠《とうみん》してしまう。もちろん、ぽかぽか暖《あたた》かい巣の中で心地よく眠《ねむ》るのでなく、体温も下げ、冷たくなって眠るのである。

（日高敏隆《ひだかとしたか》「ネコたちをめぐる世界」）

(4) ——④「もはや」と同じ意味の言葉を次から選び、記号で答えなさい。

ア もう　イ すぐに
ウ もっとも　エ まったく

（　　）

(5) ——⑤「身にまとう」の意味を答えなさい。

（　　）

ヒント 前後の文章から意味を考えよう。

(6) ——⑥「いたちごっこ」とは、「二つのものが同じことをくり返して、きりのないこと」という意味の言葉ですが、ここでの「二つのもの」とは何を指していますか。次の あ・い にあてはまる言葉を、文中からそれぞれ八字と十五字でぬき出しなさい。

・ あ ためにたくさん食べねばならないこと。
・食べるために い こと。

あ

い

2日

指示語《しじご》をおさえる

↓解答は65ページ

月　日

1 次の文章を読んで、あとの問いに答えなさい。

「あの人は感じがいい」とか「できる人だね」と好印象を与《あた》える人がいます。①そういう人をよく観察してみると、必ず「からだ」を使っていることがわかります。

たとえば人の話を聞くとき、ただぼーっとつっ立っているのではなく、相手の目を見てうなずき、あいづちを打ち、微笑《ほほえ》みながら、メモを取り、ちゃんと質問《しつもん》します。

そういういくつかの動作をいっぺんにできる「からだ」になっています。それが「からだ」を使った関わり方です。

同時にそんなたくさんのことをするのは無理だと思うかもしれませんが、大丈夫《だいじょうぶ》です。

みなさんも自転車に乗りながら、友達とおしゃべりして、アイスクリームを食べたりできるのですから、練習すれば、話を聞きながら、あいづちを打ったり、メモを取ったり、微笑んだりすることなど簡単《かんたん》です。

ふだん②そういうことを意識《いしき》していれば、すぐできるようになります。

実は人は「からだ」で話し、「からだ」で考えているのです。③それが相手にわからないと、「あの人は鈍《にぶ》い」とか

(1) ――①「そういう人」とありますが、どういう人ですか。文中から八字でぬき出しなさい。

□□□□□□□□

ヒント 「どういう人」と聞かれたら、「〜人」と答えよう。

(2) ――②「そういうこと」が指しているものを文中からさがし、はじめとおわりの四字を答えなさい。

□□□□〜□□□□

(3) ――③「それ」が指しているものを文中の言葉を使って答えなさい。

(　　　　　　　　)

「積極性《せっきょくせい》に欠ける」とか「何も考えていない人だ」と思われてしまうので、とても損《そん》をします。

学校でもなぜか④ある先生の授業《じゅぎょう》になると必ず睡魔《すいま》が襲《おそ》ってくるということがあります。おそらく教科書やプリントを読んでいるだけなのでしょう。成人式などの挨拶《あいさつ》でも、偉《えら》い人が用意してきた紙をただ読み上げるだけだと、会場がどよ～んとしてきます。

それは「からだ」が生きていないからです。ちゃんと「からだ」をつかって話し、聴《き》き手の状態《じょうたい》を感じとりながら、対話するように表現《ひょうげん》していれば、そんなことにはなりません。でもメモばかり見て、相手のほうを見ないで発表すると、思いが伝わりません。

メモは最初にチラ見するだけにして、基本的《きほんてき》には前を見ながら、身ぶり、手ぶり、表情《ひょうじょう》をまじえて話したほうがいいでしょう。それだけで説得力のある話し方になります。

ですからみなさんも⑤「からだ」で相手を感じとり、⑥考えていることを「からだ」で表現するようつねに意識してください。

（齋藤《さいとう》 孝《たかし》「からだ上手　こころ上手」）

(4) ――④「ある先生の授業になると必ず睡魔が襲ってくるということがあります」とありますが、筆者はその理由をどのように考えていますか。最も適切《てきせつ》なものを次から選び、記号で答えなさい。

ア 聴き手が「からだ」を使っていないから。
イ 話し手が「からだ」を使っていないから。
ウ 教室がどよ～んとしているから。
エ 教科書やプリントを読むほうがわかりやすいから。

（　　）

「からだ」を使うとはどういうことかおさえよう。

(5) ――⑤「『からだ』で相手を感じとり」、――⑥「考えている ことを『からだ』で表現する」とありますが、それぞれの具体的な動作を一つずつ、文中の言葉を使って答えなさい。

⑤（　　）

⑥（　　）

ヒント ⑤は「聴き手」、⑥は「話し手」に関する動作をさがそう。

3日

接《せつ》続《ぞく》語《ご》をおさえる

➡解答は66ページ

月　日

1 次の文章を読んで、あとの問いに答えなさい。

私《わたし》が、この「いのちの授業《じゅぎょう》」で10歳《さい》の子どもたちに「いのちってなんだろう？」と問いかけると、「心臓《しんぞう》」という答えが返ってくることがいちばん多く、「どこにある？」とつっこんで聞くと、みんな胸《むね》を押《お》さえて「ここ！」と答えてくれます。「あたま」や「からだ全体」という子どももいました。

この本を読む君たちのなかにも、いのちは心臓にあると思っている人はきっと多いことでしょう。[①]、心臓は、いわばポンプです。心臓は私たちが吸《す》った息のなかの酸素《さんそ》や腸から吸収《きゅうしゅう》した栄養素《えいようそ》を、血液《けつえき》といっしょに頭や手足、からだ全体に、ひとときも休むことなく送りつづけています。②だから、私たちのからだは動くことができるのです。いわばいのちを動かす役割《やくわり》を果たすのが心臓、というわけで、その心臓はいのちそのものとは言えないのです。

心臓のことをもう少し勉強しましょう。

最初に、心臓の大きさについてです。

心臓の大きさは、大人でも、子どもでも、その人のにぎ

(1) [①]にあてはまる言葉として最も適切《てきせつ》なものを次から選び、記号で答えなさい。

ア でも　イ だから　ウ つまり　エ ところで

（　　）

(2) ――②「だから」と同じはたらきをする言葉を次から選び、記号で答えなさい。

ア しかし　イ そして　ウ つまり　エ それで

（　　）

(3) [③]にあてはまる言葉として最も適切なものを次から選び、記号で答えなさい。

ア もしくは　イ ちなみに

ウ さて　エ すなわち

（　　）

(4) ――④の文を、意味を変えずに二つの文に分けたとき、次の[　]にあてはまる言葉を考えて答えなさい。

りこぶしと同じくらいの大きさです。だから、生まれたての子どもの心臓はとっても小さいのですね。

10歳の子どもなら小さなレモンくらいでしょう。大人になると、からだも成長しますから、心臓もからだに合わせて大きくなります。［③］その形はマンゴーのようです。

④マラソンや水泳など長く激《はげ》しい運動をする人は、ふだんより余計《よけい》に血液を全身に送らなければならないので、心臓も大きなものが必要です。毎日毎日、走ったり泳いだり、訓練をすると、心臓はだんだんにぎりこぶしよりも大きくなっていきます。シドニーオリンピックのマラソン競技《きょうぎ》で優勝《ゆうしょう》した高橋尚子《たかはしなおこ》選手などの心臓は、グレープフルーツくらいの大きさでしょう。

［⑤］

心臓の音を聞く道具が聴診器《ちょうしんき》です。この授業では聴診器を使って、友だちどうしで心臓の音を聞き合います。

聴診器の二つに分かれている管の先を耳にさしこんで、小さな銀色の円ばんを、左の胸の乳首《ちくび》のあたりに当ててみてください。トーン・トンと二つの音が一対《いっつい》になって聞こえます。

（日野原重明《ひのはらしげあき》「いのちの授業」）

・マラソンや水泳など長く激しい運動をする人は、ふだんより余計に血液を全身に送らなければなりません。［　］、心臓も大きなものが必要です。

（　）

(5) ［⑤］にあてはまる文として最も適切なものを次から選び、記号で答えなさい。

ア もう一度、心臓の音の話をします。
イ しかし、心臓の音の話をします。
ウ 次に、心臓の音についてです。
エ たとえば、心臓の音についてです。

（　）

(6) この文章の内容《ないよう》として最も適切なものを次から選び、記号で答えなさい。

ア いのちは心臓だけでなく「あたま」にもある。
イ 心臓は酸素や栄養素をつくり出すはたらきをする。
ウ いのちを動かす役割をするのが心臓と言える。
エ 子どもの心臓の形は、レモンに似《に》た形をしている。

（　）

ヒント 心臓の「はたらき」、「大きさ」、「形」がそれぞれどうなのかを区別して読み取ろう。

4日 まとめテスト (1)

1 次の文章を読んで、あとの問いに答えなさい。

「ペロー」*

シンタは夢中《むちゅう》でかけ出した。林のきれめの柵《さく》にジャンパーがひっかかったけれどむりやり進んだら、ビリッと音がした。広場にふみこむと、空がダーッと目の前に広がって、ペロの気持ちがわかった。走り出さずにはいられない。

「ストップ、シン！　ストップ」

柵の向こうからブライアンとスティーブが悲鳴みたいな声でわめいている。□、とても止まれない。

「ペロー」

耳の横を通りすぎる風が、①もっともっととさけぶ。シンタはひとりでわらいながら、ペロを追ってかけた。

「シーン、もどってこい。氷がわれちゃうよー」

ブライアンはほとんどなき出す寸前《すんぜん》だ。

「えっ？」

②そこで初めてシンタは、自分の立っている場所に気がついた。

「レイク（みずうみ）？」

シンタたちの団地《だんち》から学校とは逆方向《ぎゃくほうこう》に、ブラックバス

↓解答は66ページ

(1) □にあてはまる言葉として最も適切《てきせつ》なものを次から選び、記号で答えなさい。(10点)

ア だけど　イ ところで
ウ つまり　エ そして

（　　）

(2) ――①「もっともっと」のあとに言葉を入れるとすると、どのような言葉があてはまりますか。最も適切なものを次から選び、記号で答えなさい。(10点)

ア 笑え　イ こわがれ
ウ 走れ　エ 喜べ

（　　）

(3) ――②「そこで初めてシンタは、自分の立っている場所に気がついた」とありますが、この文を次のように説明しました。次の あ ～ う にあてはまる言葉を、文中からそれぞれぬき出しなさい。(10点×3―30点)

・シンタはペロを追いかけながら あ を走っていると思っていたが、ブライアンに「 い 」と言われて、ようやく自分が う の上に立っていることに気がついた。

月　日

時間 20分［はやい15分・おそい25分］
合格 80点
得点　　点

がよくつれるってパットのいっていたフィッシングパークがある。その公園のみずうみの上にシンタは今、立っていた。*イースターも近くなって氷がわれやすくなっているから、ぜったいに近づいてはいけませんって、そういえばこの間もらったプリントに書いてあった。シンタの足がとたんに③二本のぼうになる。そのぼうがガタガタふるえだした。そっとのぞくと、足もとの氷がミシッと音たてたような気がした。

「わあー」

とうとうシンタは四つんばいになってしまった。

「カムバック、シン」

それでなくても青い顔をもっと青くして、スティーブは声をひそめた。まるで大声を出すと氷がわれちゃうとでもいうように……。シンタは④そのままの姿勢《しせい》でゆっくりゆっくりふたりの方にむかってはいだした。⑤手のひらにあたる氷のつめたさも感じなかった。はいながらないたせいで、鼻水となみだがポトリ、ポトリと氷の上にしみをつくる。よけいにとけるんじゃないかと心配になったシンタは、必死で止めた。

ようやく岸にたどりついた時には、がまんが切れてなき出した。

（八束澄子《やつかすみこ》「シンタのあめりか物語」）

*ペロ＝シンタがかっている犬の名前。

*イースター＝毎年四月・五月ごろに行われるキリスト教の祝日。

Ⓐ（　　）
Ⓘ（　　）
Ⓤ（　　）

(4) ③「二本のぼう」とありますが、これは何がどのようになった様子を表しているのか答えなさい。(20点)

（　　　　　　　　）

(5) ④「そのままの姿勢」とはどのような姿勢ですか。文中から五字でぬき出しなさい。(10点)

(6) ⑤「手のひらにあたる氷のつめたさも感じなかった」とありますが、その理由として最も適切なものを次から選び、記号で答えなさい。(20点)

ア 冷たくなんかないと必死でがまんしていたから。
イ ずっと外にいたせいで、体が冷えきっていたから。
ウ ペロと走り回って、体が温まっていたから。
エ とにかく岸にもどらなければと必死だったから。

（　　）

心情《しんじょう》を読み取る

↓解答は66ページ

月　日

1 次の文章を読んで、あとの問いに答えなさい。

そのうち、誠《まこと》のノックも、からぶりが目だちはじめ、あげくのはてが、つかれてバットを岬《みさき》くんのあたりまでふっとばした。「①代わってやるよ。」「いや、ぼくだ。」「じゃ、じゃんけん。」ホームベースにみんなが集まって、とうとうわいわいやりはじめた。

「あいつら、*スネイクスをやっつけるなんて、本気なのかねえ。」

②ため息が出た。

「本気だろ。」

と、ガンちゃんはそっけなくいった。

「おれも、本気だよ。」

ぼそっと、つけ加えて、のっしのっしとみんなのところにいってしまった。そして、わいわいやってるみんなを、さっと守備《しゅび》につかせると、続けざまに十二、三本、もうれつなゴロをノックして、

「ボールをとるときは、目をあけてとれえっ！」

びりびりするような大声でどなった。

（つまり、キャプテンのぼく一人が、本気になれないんだ

(1) ——①「代わってやるよ」とありますが、

① 何を「代わってやる」と言っているのですか。

（　　　　）

② 結局、だれに代わったのですか。

（　　　　）

(2) ——②「ため息が出た」とありますが、このときの「ぼく」の心情《しんじょう》はどのようなものでしたか。次の□にあてはまる言葉を文中からぬき出しなさい。

・このありさまで□なんて、無理だろ。

（　　　　）

(3) ——③「あせった」とありますが、「ぼく」はどんなことに対して「あせった」のですか。

（　　　　）

(4) □にあてはまる言葉として最も適切《てきせつ》なものを次から選び、記号で答えなさい。

……。」
③あせった。いまいましかった。どうしてそんなことになっちゃったのか、よくわからなかった。
「ピッチャーはどうするんだ、ピッチャーはっ！」

取り残されてぽけっとしてるわけにもいかなくて、ぼくはやぶれかぶれでさけんだ。

「まかせるようっ。」

と、ガンちゃんは高くバットを立ててわらった。

「いいやつ、めっけてこいようっ。」

と、みんながひらひらとグローブをふった。

（なんてやつらだ！　——ピッチャーがそのへんにごろごろころがってるとでも思ってんのか！）

のんきなメンバーが［　　］、ぼくはバンバンとバットが折れるほど地面をひっぱたいた。

だけど、ぼくのほうを見るやつなんて、一人もいない。どこにとんでくるかわからないガンちゃんのノックに、全員が集中している。しんけんな表情《ひょうじょう》で身がまえている。

（ちぇっ、どいつも、かっこだけは一人前だね。）

鼻の先でせせらわらってみたけど、一人取り残されたみたいで、④わびしかった。

＊スネイクス＝ライバルの野球チーム。

（後藤竜二《ごとうりゅうじ》「キャプテンはつらいぜ」）

ア　ほほえましくって　　イ　いまいましくって
ウ　うらやましくって　　エ　しらじらしくって
（　　）

ヒント　このあとの「ぼく」の動作に着目しよう。

(5) ——④「わびしかった」とありますが、「ぼく」はなぜ「わびしかった」のですか。最も適切なものを次から選び、記号で答えなさい。

ア　かっこは一人前だが、実力がともなわないメンバーばかりだから。
イ　チームのことを本気で考えている「ぼく」をみんながからかうから。
ウ　いいピッチャーがごろごろころがっているわけがないとわかっているから。
エ　みんなが本気になって練習している中に、自分だけ入ることができないでいるから。
（　　）

「わびしい」は、「心細い」「やりきれない」気持ちを表す言葉だよ。

心情《しんじょう》の移《うつ》り変わりをつかむ

↓解答は67ページ

月／日

1 次の文章を読んで、あとの問いに答えなさい。

［わたし（美月《みつき》）と沙耶《さや》ちゃんは海で遊んでいたが、だんだん海が荒《あ》れ、陸に帰れなくなってしまった。］

「①だいじょうぶ。うん、だいじょうぶだって」

沙耶ちゃんは、わたしに、そして自分に言い聞かせるようにくり返した。

そしてわたしはそんな沙耶ちゃんの横で、②こんなことを言っても仕方がないとわかっていながら、言わずにいられなかった。

「沙耶ちゃん、ごめんね。わたしが、泳げもしないくせに亀島《かめしま》行こうなんて言ったから……」

「だいじょうぶだって」

沙耶ちゃんは、またくり返した。

「いざとなったら、わたしが泳いで助けを呼《よ》んでくるし」

「そんな、だめだよ。そんなことさせられないよ」

と、思わず言ったわたしに、沙耶ちゃんは、思いがけなく苛立《いらだ》ちの表情《ひょうじょう》を見せた。

「じゃあどうするの!?」

それは一言だったけれど、わたしは沙耶ちゃんの目に、

(1) ――①「だいじょうぶ。うん、だいじょうぶだって」とありますが、このときの沙耶の心情《しんじょう》として最も適切《てきせつ》なものを次から選び、記号で答えなさい。

ア 「わたし」のことをわずらわしく感じている。
イ 二人の不安な気持ちを落ち着けようとしている。
ウ 「わたし」に何とかしてほしいと思っている。
エ 二人の今の状態《じょうたい》を楽観的に考えている。

（　　）

ヒント ――①のすぐあとの部分に着目しよう。

(2) ――②「こんなこと」が指している部分を文中からさがし、はじめの八字を答えなさい。

□□□□□□□□

(3) ――③「その先の口には出さない思い」とありますが、

① 「口には出さない思い」にあたる部分を文中からさがし、はじめの八字を答えなさい。

③その先の口には出さない思いを感じて、はっとした。

『そんなこと言ったって、美月ちゃんは何もできないじゃない。わたしがやるしかないじゃない』

そのとおりだった。わたしは唇《くちびる》をかんでうつむいた。海の知識《ちしき》もなく、長く泳ぐこともできないわたしは、何を言ったところで口先だけ。ただの無力な④お荷物だ。

すると、沙耶ちゃんは突然《とつぜん》、水をかけられた犬みたいに頭をふるって、言った。

「ごめん」

わたしはうつむいたまま、だまって首を横にふった。

「ううん、沙耶ちゃんがあやまることなんか、ひとつもないよ」

「……」

気まずい空気にわたしたちは、一瞬《いっしゅん》だまりこんだけれど、沙耶ちゃんがその空気を突《つ》きやぶるような声をあげた。

「やばい、ダメだよ、下向いてちゃ！」

そして、おどろいて顔をあげたわたしに言った。

「海から目を放さないで、漁船が通るの見つけなきゃ」

（薫《くん》くみこ「ぜんぶ夏のこと」）

②「口には出さない思い」が沙耶の様子に表れている部分を、文中から六字でぬき出しなさい。

□□□□□□

(4) ——④「お荷物」とありますが、この場合、どういう意味ですか。最も適切なものを次から選び、記号で答えなさい。

ア 中身のつまった人。　イ 口うるさい人。

ウ 足手まといになる人。　エ 泳げない人。

（　　）

(5) 一時的に高ぶった感情を元にもどそうとする沙耶のしぐさが、たとえを使って表現《ひょうげん》されているところを文中からぬき出しなさい。

（　　　　）

ヒント 「たとえ」には「～のよう」、「～みたい」などの言葉が使われることが多いです。

原因《げんいん》・理由をつかむ

↓解答は67ページ

1 **次の文章を読んで、あとの問いに答えなさい。**

はちゅう類は、水辺でないところでも生きることができ、かたいからの卵《たまご》で子をふやす「生命の設計書《せっけいしょ》」をそなえていました。そのため2億年ものあいださかえつづけ、そのころの地球生物の王者となりました。それで陸上の大型のものは恐竜《きょうりゅう》とよばれ、かつやくした期間を「恐竜時代」といっています。

その恐竜が、学者が大絶滅《だいぜつめつ》とよぶ時期をさかいに、大部分消えてゆきました。

このころ植物の世界では、あたらしい種類がふえ、それまでとはようすがかわってきていました。そこへ大きないん石のしょうとつか、火山の大爆発《だいばくはつ》などの、地球の気候をかえる変動がくわわったのが、大絶滅の原因《げんいん》になったといわれています。

絶滅といっても生物すべてが死んだのではなく、トカゲやカメの祖先《そせん》の小さなはちゅう類や、はちゅう類の一種からかわって羽毛《うもう》をもった鳥類や、子をうんでそだてるしくみをもった生物などは生きのこりました。

こうしたようすから、自然のしくみや法則《ほうそく》どおりのなが

(1) 次の①〜③のような「生命の設計書」をそなえた生物をあとのア〜ウから一つずつ選び、記号で答えなさい。また、①〜③のような「生命の設計書」をそなえた結果、それぞれの生物はどうなったか、簡単《かんたん》に答えなさい。

① 羽毛や毛皮をもち、あたたかい血液によって効率のよい活動をおこなう。

② 水辺でないところでも生きることができ、かたいからの卵で子をふやす。

③ あたらしい状況に応ずる器官や能力をもち、子をだいじにそだてる。

ア はちゅう類　イ ほにゅう類

ウ 鳥類とほにゅう類

① 生物（　　）結果

② 生物（　　）結果

れに、不意におこったぐうぜんの出来事がつみかさなって、生物の歴史がつづられてきたことがわかります。

大型のはちゅう類がいなくなった地球にふえていったのは、鳥類と、ネズミのようなほにゅう類でした。どちらも小型でしたが、羽毛や毛皮をもち、あたたかい血液《けつえき》によって、効率《こうりつ》のよい活動をおこなうなどの「生命の設計書」をそなえていたので、さまざまな地球の大変動やつめたい気候をのりこえることができました。

ことにほにゅう類は、あたらしい状況《じょうきょう》に応《おう》ずる器官や能《のう》力《りょく》をもち、子をだいじにそだてるふくざつな「生命の設計書」をそなえていたので、地球の各地にふえてゆきました。

とりわけ、すんでいる状況のなかで、もっともよい食べ物を見つける脳《のう》と、食べ物をかむ歯や、消化する器官を発達させ、変化してゆきました。

きびしい自然は、ある生き物には［　　］をもたらしましたが、それをのりこえる力をもった生き物には、さらにちがった「生命の設計書」をくわえることとなり、こうした生物の変化のなかで、人間があらわれてきたのです。

（加《か》古《こ》里子《さとし》「人間」）

③ 生物（　　）結果
（　　　　　　）

(2) ——「大絶滅の原因」とありますが、

① 「大絶滅」したのは何ですか。
（　　　　　　）

ヒント ——のすぐ前の段落《だんらく》に着目しよう。

② 「大絶滅の原因」をまとめた次の［あ］・［い］にあてはまる言葉を文中からそれぞれ七字と五字でぬき出しなさい。

・［あ］の植物がふえたこと。
・［い］をかえる変動。

あ［　　　　　　　］
い［　　　　　］

(3) ［　　］にあてはまる言葉を文中から二字でぬき出しなさい。

［　　］

言いかえの関係をおさえる

⬇解答は68ページ

月　日

1 次の文章を読んで、あとの問いに答えなさい。

わたしたち人間は、長い進化の歴史の中で、さまざまな道具を作り、それを有効《ゆうこう》に使うことによって、自分たちの生活を築《きず》いてきた。人間と道具とは、①切っても切りはなせない関係を持っている。

では、道具を使うのは、人間だけなのだろうか。（中略《ちゅうりゃく》）

他の動物と人間のちがいを取り立てて、人間とは何かを表現《ひょうげん》する言い方の一つに、「人間とは、道具を使う動物である。」というのがある。人間と道具との深い関係からみて、この言い方は、一見、大変適切《てきせつ》なように思える。

［②］、アフリカに生息する野生のチンパンジーの研究が進むにつれて、チンパンジーもまた簡単《かんたん》な道具を使うことが分かってきた。

東アフリカのサバンナには、シロアリの作った大きなありづかがある。チンパンジーは、ありづかの中へ細い棒《ぼう》をつっこみ、シロアリをつり上げて食べる。［③］、西アフリカのチンパンジーは、歯ではくだけない固いアブラヤシの実を、石で割《わ》って食べる。チンパンジーは、りっぱに道具を使っているのである。そうなると、道具を使うのは人

(1) ——①「切っても切りはなせない関係」とありますが、これを別の言葉で何と言いかえていますか。文中から四字でぬき出しなさい。

□□□□

ヒント 人間と道具との関係を表す言葉です。関係の強さの程度《ていど》を表す言葉をさがそう。

(2) ［②］・［③］にあてはまる言葉として最も適切なものを次から一つずつ選び、記号で答えなさい。

ア つまり　イ だから　ウ ところが
エ そして　オ また

②（　　）　③（　　）

(3) ——④「先の表現」とは何を指していますか。文中からぬき出しなさい。

（　　　　）

間だけだと、④単純《たんじゅん》に決めつけることはできなくなる。
それでは、先の表現を、「人間とは、道具を作る動物である。」と言い変えてみてはどうであろうか。道具を作る――自然にある物に加工するという行動は、単に自然にある物を道具として使うという行動よりも、高い知能《ちのう》を必要とする。これならば、人間だけに当てはまる表現にならないだろうか。

（中略）

チンパンジーは、シロアリという食物を得るために、目的に合った材料を選び、それを、都合のいいように加工しているのである。⑤チンパンジーも、道具を作る能力を持っているわけである。

ただし、チンパンジーの作る道具は、人間のそれに比《くら》べると、大変簡単なものである。かれらは、自然にある物に、手や歯で加工するにすぎない。これを、道具の一次的製作《せいさく》という。人間の道具は、原始的な物でも、石で先をけずったりとがらしたりしてある。石器がこの典型的な物だが、このように、道具を使って新しい道具を作ることを、道具の二次的製作という。

だから、人間と、サル類であるチンパンジーとのちがいは、道具に関していえば、[⑥]の能力を持っているかどうかにある、ということになる。

（河合雅雄《かわいまさを》「人間と道具」平成八年度版学校図書「国語６下」）

(4) ――⑤「チンパンジーも、道具を作る能力を持っている」とありますが、

① 「道具を作る能力」とはこの場合、どういう意味ですか。それを表した言葉を文中から十一字でぬき出しなさい。

□□□□□□□□□□□

② 「チンパンジーも、道具を作る能力を持っている」と筆者が考える理由となる一文をさがし、はじめの十字を答えなさい。

□□□□□□□□□□

(5) ① [⑥]にあてはまる言葉を文中から五字でぬき出しなさい。

□□□□□

② 「[⑥]の能力」をわかりやすく説明した言葉に言いかえなさい。

（　　　　　　　　　　　　）

ヒント 「だから」で始まる文なので、その前に、原因《げんいん》となる内容《ないよう》があります。

月　日

1 **次の文章を読んで、あとの問いに答えなさい。**

小さい殻《から》を持つ大きいヤドカリBが、大きすぎる殻を持つ小さいヤドカリAをおそって、殻を交換《こうかん》するとどうなるでしょう。どちらのヤドカリも適当《てきとう》な大きさの殻を持つことになるでしょう。［①］、どちらのヤドカリも、殻交換で得をするはずです。攻撃《こうげき》するヤドカリが得をするのは当然でしょう。得をするだろうから相手をおそうのです。

しかし、おそわれる方は、殻から追い出されるので、負けたことになります。でも、今の例では、負けた結果として、得をするのです。これは、②ふつうの動物の争いとはだいぶちがいます。ふつうは、たいてい、負けた者は損《そん》をします。しかし、ヤドカリの争いは、勝った方も負けた方も得をする可能性《かのうせい》があるのです。ただし、どちらも得をするのは、あくまでも、③小さい殻の大きいヤドカリと、［④］ヤドカリの争いにかぎられます。

ヤドカリの争いでは、おそわれたヤドカリは、いくら攻撃されても殻から出てこないことがありました。そして、攻撃するヤドカリがあきらめて、殻交換はうまくいかなかったのです。では、おそわれたヤドカリは、どういうとき

↓解答は68ページ

(1) ［①］にあてはまる言葉として最も適切《てきせつ》なものを次から選び、記号で答えなさい。

ア しかし　イ また
ウ だから　エ ところで

（　　）

(2) ――②「ふつうの動物の争いとはだいぶちがいます」とありますが、どんな点がちがうのですか。次の［あ］・［い］にあてはまる言葉を、文中からそれぞれぬき出しなさい。

・ふつうの動物の争いは、［あ］をするが、ヤドカリの争いは［い］をする可能性がある点。

あ（　　）
い（　　）

ヒント どちらも「～をする」につながる言葉です。

(3) ――③「小さい殻の大きいヤドカリ」と反対の言葉になるように、［④］にあてはまる言葉を考えて答えなさい。

（　　）

に⑤がんばって、どういうときにすぐ殻を明けわたすのでしょう。

　たとえば、こう考えてみましょう。おそわれたヤドカリは、殻交換によって、得をしそうなときに殻から出て、損をしそうなときには殻から出ないとします。そうすると、ヤドカリの争いでは、どちらも得をするときに、殻交換が起こることになります。でも、おそわれた方は、争いの最中、ずっと殻の中にもぐっているので、相手の殻の大きさはわからないかもしれません。しかし、もう少し考えてみると、⑥こんな可能性もあるかもしれません。攻撃するヤドカリは、相手を追い出すとき、必ず殻をぶつける行動をします。おそわれたヤドカリは、その音を聞いて、相手の殻の大きさを知ることができるかもしれません。ちょうど、お医者さんが、わたしたちのむねをたたいて体の中のようすを知るように。

　もしも、おそわれたヤドカリがそうやって相手の殻を知り、つごうがよさそうなときだけ殻から出ているとすると、ヤドカリの争いでは、必ず、両者が得をすることになります。そうだとすると、それはもはや「争い」と言うよりは⑦「取り引き」と言った方がいいかもしれません。

（今福道夫《いまふくみちお》「ヤドカリの殻交換」）

(4) ——⑤「がんばって」とありますが、ここではどういう意味ですか。「攻撃」「殻」という言葉を使って答えなさい。

（　　　　）

(5) ——⑥「こんな可能性」とは、どのような可能性ですか。次のあ～うにあてはまる言葉を、文中からそれぞれぬき出しなさい。

・［あ］ヤドカリは、［い］ヤドカリが殻をぶつける音を聞いて、相手の殻の［う］を知ることができる可能性。

あ（　　）
い（　　）
う（　　）

ヒント 攻撃するヤドカリと、おそわれたヤドカリの間で、何が行われるかを読み取ろう。

(6) ——⑦「取り引き」とありますが、「争い」と「取り引き」はどのようにちがうのか答えなさい。

（　　　　）

10日 まとめテスト (2)

➡解答は69ページ

月　日

時間 20分 [はやい15分・おそい25分]　合格 80点　得点　点

1 次の文章を読んで、あとの問いに答えなさい。

生きものがきえていく原因《げんいん》のひとつには、気候がかわり、おかしくなっているという問題があります。

気候がかわることで、生きものたちのすむ環境《かんきょう》がかわってしまい、そこではくらせなくなってしまうのです。

北極海周辺にすむホッキョクグマは、氷の上でアザラシなどをつかまえて食べていますが、気温が上がって、海があまり凍《こお》らなくなってしまったため、狩《か》りをすることがむずかしくなってきました。このままでは、夏のあいだ、北極海の氷は完全にとけてしまうようになり、ホッキョクグマは、絶滅《ぜつめつ》するかもしれない、といわれています。

気候がかわることによって、一部の鳥たちの子育てにも問題がおきています。マダラヒタキという、ヨーロッパとアフリカのあいだを移動《いどう》する渡《わた》り鳥がいますが、気候がかわって、この鳥が、卵《たまご》を産んで子育てをする時期と、えさとなる虫がたくさん発生する時期がずれてしまいました。そのため、じゅうぶんなえさが得られなくなって、ヒナが育たず、ここ20年のあいだに90パーセントも数がへってしまいました。

(1) ――「生きものたちのすむ環境がかわって」とありますが、

① 「環境がかわって」しまう原因のひとつは何ですか。文中から八字でぬき出しなさい。(10点)

② 「環境がかわって」しまうとどうなりますか。次の Ⓐ・Ⓘ にあてはまる言葉を、文中からそれぞれ二字と三字でぬき出しなさい。(10点×2―20点)

・生きものが Ⓐ しそうになったり、もともとの Ⓘ がくずれたりする。

Ⓐ　Ⓘ

③ 文中で取り上げられている「ホッキョクグマ」と「マダラヒタキ」のすむ環境はどのようにかわってしまったのですか。文中の言葉を使って答えなさい。(20点×2―40点)

・ホッキョクグマ
（　　　）

・マダラヒタキ

気候がかわると、生きものたちのすむ場所もうつりかわります。それまでは気候が合わなくて、そこでは生きられなかったはずの生きものが移動してきて、もともとそこにすんでいた生きものたちの「生態系《せいたいけい》」をくずしてしまうこともあります。生態系とは、ある地域《ちいき》の生きものたちがすむ環境、そして、その地域の自然をつくっている命のつながりをあらわしています。

また、熱帯の蚊《か》などが、平均《へいきん》気温が上がって、あたたかくなったところに移動してくると、いままでそこにはなかった病気が広がってしまう危険《きけん》もあります。そして、このように、近年、急激《きゅうげき》に気候がかわっているという問題には、私《わたし》たちのくらしが大きくかかわっていると考えられています。

そのほかにも、人間がもちこんだ、ほかの土地の生きもの(外来種)が入ってくることも、その土地にもともとすんでいる生きもの(在来種《ざいらいしゅ》)がきえていく原因になります。

日本《にっぽん》では、ペットとして飼《か》われたあと、すてられて野生化したアライグマや、湖にはなされたブラックバス、ハブの対策《たいさく》としてもちこまれたマングースなどが、その土地の動物や植物を食べてしまい、在来種の数がへっています。

(真珠《しんじゅ》まりこ「もったいないばあさんと考えよう　世界のこと　生きものがきえる」)

④　③の環境の変化により、「ホッキョクグマ」も「マダラヒタキ」も何が得られなくなっているのですか。文中から二字でぬき出しなさい。(10点)

⑤　「環境がかわって」しまう原因に大きくかかわっているのは何ですか。文中から七字でぬき出しなさい。(10点)

(2)　この文章の内容《ないよう》として最も適切《てきせつ》なものを次から選び、記号で答えなさい。(10点)

ア　ホッキョクグマは、夏のあいだだけ、見られなくなってしまうかもしれない。

イ　マダラヒタキのヒナは、高い気温に弱いため、育たなくなった。

ウ　ある生態系にもともといなかった生きものが入ると、その生態系がくずれてしまうことがある。

エ　気温が上がっても、熱帯の蚊だけは生きのびることができると言われている。

(　　)

話の展開《てんかい》をとらえる

↓解答は70ページ

1 次の文章を読んで、あとの問いに答えなさい。

①「きみたち、二人がケンカしたんやないね？」
「してません」

「そんなら、それでいいわ。もう、授業《じゅぎょう》に行きなさい。次の授業は？」

「理科」

ぼくたちは二人声をそろえて言った。

「じゃあ、行きなさい。あと、もしこれから体育の授業があるんやったら、葉山《はやま》君は休まなあかんよ」

それから先生はもう一度、ぼくのひじのテープとコウジのほっぺたにはった大きなバンドエイドを調べて、ようやく、行ってよろしいと言った。

理科室は保健室《ほけんしつ》の上にあるはずなんだけど、ぼくたちはわざと遠回りをして、校舎《こうしゃ》を一周してから教室に行った。教室に行ってみると、みんなはベランダに出ているようだった。透明《とうめい》のプラスチックを使って、太陽の通り道にマジックで印をつけている。ぼくたちの学校では、高学年になると理科の授業は担任《たんにん》の先生じゃなくて、専門《せんもん》の理科の先生に教えてもらうことになる。[②]この先生は、ぼく

(1) ——①「きみたち、二人がケンカしたんやないね？」とありますが、

① これはだれのセリフですか。次の[　]にあてはまる言葉を三字で答えなさい。

・[　]の先生。

ヒント 「二人」はどこで何をしていたのかに着目します。

② 実際《じっさい》にケンカしたのはだれとだれですか。名前を答えなさい。

（　　）（　　）

ヒント 「ぼく」と「コウジ」の会話に着目します。

(2) [②]にあてはまる言葉として最も適切《てきせつ》なものを次から選び、記号で答えなさい。

ア けれど　イ だから　ウ そして　エ ところで

（　　）

たちのクラスのことをそんなに知っているわけじゃないんだけど、それでもさすがに③ミカのことは知っているようだった。ケガの手当てを受けてきたぼくたちの顔を見ると、

「あんたたち、二人してケガしよったんか。ミカちゃんにやられたんか？」

と笑った。笑うと、分厚《ぶあつ》いめがねの奥《おく》にある目が、すごく大きく丸くなって見える。クラスのみんなも笑っていた。まわりを見てみると、そこにミカの姿《すがた》はなかった。

ぼくとコウジは［④］同士、ペアになって太陽の通り道を観察することになった。二人でプラスチックに目を寄《よ》せ、太陽の位置をマジックで書き込《こ》んでいるとき、⑤コウジはぼくの顔を見ないままで、「ごめんな」と言った。

「かまへん。これぐらいなんともない」

「お前やなくて、ミカのこと。ミカとケンカしてしもうた」

「それやったら、ぼくにあやまることなんてなんもないやん」

「でも、いちおうユウスケのきょうだいやから」

コウジはそう言うと、また太陽の通り道に印をつけた。


（伊藤《いとう》たかみ「ミカ！」）

(3) ――③「ミカ」について、文章を読んでわかるのはどのようなことですか。次の［あ］・［い］にあてはまる言葉を、文中からそれぞれ五字と三字でぬき出しなさい。

・「ぼく」の［あ］であり、「ぼく」と同じ［い］にいること。

あ □□□□□

い □□□

(4) ［④］にあてはまる言葉として最も適切なものを次から選び、記号で答えなさい。

ア おくれてきたもの　イ 友達
ウ きょうだい　エ 理科が苦手なもの

（　　）

(5) ――⑤「コウジはぼくの顔を見ないままで、『ごめんな』と言った」とありますが、コウジはなぜこうしたのですか。最も適切なものを次から選び、記号で答えなさい。

ア「ぼく」に対してもうしわけないと思ったから。
イ「ぼく」に対してはらを立てていたから。
ウ 太陽の通り道の観察に集中していたから。
エ ミカに心配をかけてしまったから。

（　　）

12日 段落《だんらく》の構成《こうせい》をつかむ

↓解答は70ページ

月／日

1 次の文章を読んで、あとの問いに答えなさい。

犬たちはまず、繁殖奉仕《はんしょくほうし》とよばれるボランティアの家で生まれる。一度に10頭くらい生まれるから、その家の人たちは世話がたいへんだ。子犬たちは家のなかでおおあばれ。せっかくたたんだ洗濯物《せんたくもの》の上でジャンプしたり、ソファにとびのって追いかけっこもする。

でも、家の人たちは愛情《あいじょう》をこめて、大切にめんどうをみる。

子犬たちに名前をつけるのは、この人たちの仕事だ。

（中略《ちゅうりゃく》）

２ヶ月がすぎると、わたしたち、協会のスタッフが子犬をむかえにいく。そうしてつぎに、飼育《しいく》奉仕とよばれるボランティアの家につれていく。

「家族の一員としてかわいがってください。悪いことをしたら、どんどんしかってくださいね。それから、間食の習《しゅう》慣《かん》をつけると、盲導犬《もうどうけん》になってからこまります。ですから、これはぜったいさせないでください。①自転車の伴走《ばんそう》も。走ることをおぼえてしまうと、ふつうの速さで人と歩くのがむずかしくなります」

(1) この文章を、書かれている内容《ないよう》から三つの部分に分けました。二つ目と三つ目のまとまりだと思われる部分をそれぞれ文中からさがし、はじめの八字を答えなさい。

- 一つ目…犬たちはまず、繁
- 二つ目…□□□□□□□□
- 三つ目…□□□□□□□□

ヒント 犬が生活する場所に着目しよう。

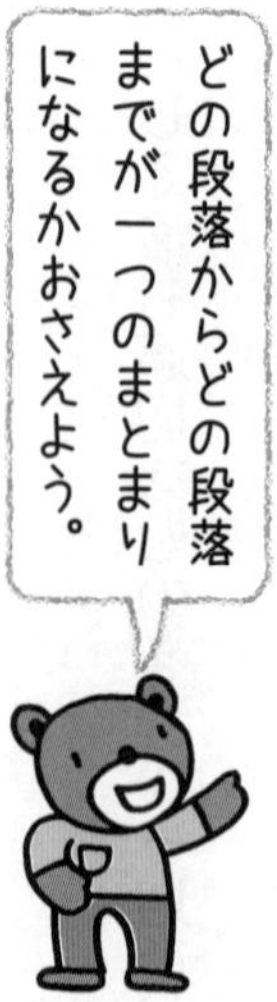
どの段落からどの段落までが一つのまとまりになるかおさえよう。

(2) (1)で分けた三つの部分に小見出しを次のようにつけます。次の□にあてはまる言葉を文中からぬき出しなさい。

- 一つ目…□□□の家で生まれる盲導犬
- 二つ目…□□□□の家での生活
- 三つ目…□□□な□□のはじまり

ボランティアの人たちは、それから約1年、子犬を家にあげ、毎日散歩をさせ、いっしょに旅行にいくなどして、かわいがって育てる。だから、1年後にむかえにいったとき、犬たちは、人間と心を通わせられる頼《たの》もしい若犬《わかいぬ》に育っている。

わたしたちが訓練を本格的《ほんかくてき》にはじめるのは、このときからだ。

いよいよ協会の訓練所で、盲導犬にするための指導がはじまる。目の不自由な人の目となり、その安全を守るために、犬たちは4ヶ月間で、②たくさんのことをおぼえなければならない。

訓練は、まずハーネスをつけるところからはじまる。ハーネスとは、盲導犬が主人をみちびく道具。目の不自由な人は、ハーネスの角度や動きから道のようすを頭に描《えが》くから、盲導犬にとっては、ハーネスをつけることが仕事開始の合図だ。

つぎにおぼえるのは、いつも人間の左側を歩くこと。そして、段差《だんさ》があるところや階段《かいだん》のはじまりとおわりで、かならず立ち止まること。

こうして、目の不自由な主人に、信号やわかれ道、階段などのありかを教えるようになっていく。

（日野多香子《ひのたかこ》「今日からは、あなたの盲導犬」）

(3) ――①「自転車の伴走も」とありますが、このあとに省略《しょうりゃく》されている言葉を答えなさい。

（　　）

(4) ――②「たくさんのこと」とありますが、文中に書かれていることを三つ答えなさい。

・（　　）

・（　　）

・（　　）

ヒント 「まず」「つぎに」「そして」などの言葉に着目しよう。

(5) この文章の内容として最も適切《てきせつ》なものを次から選び、記号で答えなさい。

ア 犬に名前をつけるのは飼育奉仕の仕事である。
イ 繁殖奉仕は、約一年間犬をかわいがって育てる。
ウ 犬は協会の訓練所で四ヶ月間、訓練される。
エ ハーネスは、犬の訓練のときにだけ使われる。

（　　）

主題を読み取る

⬇解答は71ページ

月　日

1 次の文章を読んで、あとの問いに答えなさい。

ある日、寅吉《とらきち》じいさんは、ちょうどそんな居眠《いねむ》りからさめたばかりのぼくの顔を、①呆《あき》れたように眺《なが》めて、こういったことがある。

「寝《ね》る子は育つと昔からいうが、坊《ぼう》は、ちと、眠りすぎじゃのう」

眠る子は育つはずなのに、ぼくがいつまでもチビなのは眠りすぎるせいなのだと、じいさんはそう思ったのだろう。

「だけどねえ、眠くて眠くて、しかたがないんだよ、ぼく。きょうもね、学校で授業中《じゅぎょうちゅう》に居眠りをして、先生に叱《しか》られちゃったんだ」

ぼくがそういうと、寅吉じいさんはマサカリを振《ふ》る手を休めて、東京の学校でもときどき居眠りをして先生に叱られたのかと、ぼくに訊《き》いた。

「とんでもない」と、ぼくは答えた。「東京の学校では、②居眠りなんかいっぺんもしたことがなかったんだ」

寅吉じいさんは、頭の鉢巻《はちまき》をゆっくり締《し》め直してから、こういった。

「坊がそんなに眠たいのは、そりゃ坊に仲間がいねえから

(1) ――①「呆れた」とありますが、寅吉じいさんは、どんなことに対して「呆れた」のですか。

（　　　　）

(2) ――②「居眠りなんかいっぺんもしたことがなかった」と同じ意味の言葉を、文中から十七字でぬき出しなさい。

ヒント 「ぼく」が東京にいたころのことが書かれている部分に着目します。

(3) ――③「原因」とありますが、

① 何の「原因」ですか。三字で答えなさい。

② ①の「原因」はどんなことですか。

じゃよ」

「……仲間って？」

「つまり、友だちじゃよ。子どもには、勉強するときにも遊ぶときにも、ちょうどいい相手になるような友だちが必要なもんじゃ。坊には、そんな仲間がいねえから、張《は》り合いがなくて、ただ眠たくばっかりなるんじゃよ」

それも確《たし》かに一つの③原因《げんいん》かもしれない。東京にいたころは、遊び仲間であると同時に勉強の競争相手でもあるという友だちが何人もいて、居眠りなんかのつけこむ隙《すき》がなかったといえる。

「だけどねえ、おじいちゃん」と、ぼくはいった。「この村の子どもたちは、だれもぼくの仲間になってくれようとはしないんだよ。ぼくだって、そりゃあ仲のいい友だちがほしいんだけど」

すると、寅吉じいさんは、ごほんごほんと、つづけさまに咳《せき》をしてから、この村に限《かぎ》らず、いなかの人間というものは、よそ者に対してそう簡単《かんたん》には打《と》ち解けてくれないものなのだといった。ことに、都会からきた人間には、警戒《けいかい》心が強くて、なかなか自分の本心を見せようとはしない。

「だけど、短気を起こしたらいかん。何事も④辛抱《しんぼう》がかんじんじゃよ。そのうちには、村の子どもらにも、きっと坊がいい子どもだということがわかってくる」

（三浦哲郎《みうらてつお》「ユタとふしぎな仲間たち」）

(4) ――④「辛抱がかんじん」とありますが、

① 「辛抱する」を言いかえたとき、次の□にあてはまる言葉を文中から二字でぬき出しなさい。
・□を起こさない。

（　　）

② 寅吉じいさんは、ここで「ぼく」にどんなことを言おうとしているのですか。次の□にあてはまる言葉を文中から二字でぬき出しなさい。
・この村で□をつくることをあきらめるな。

(5) この文章の主題として最も適切《てきせつ》なものを次から選び、記号で答えなさい。
ア 居眠りばかりすると、大きくならない。
イ 村での生活は、都会での生活よりもつらい。
ウ いなかの人間は、なかなか打ち解けてはくれない。
エ 仲間ができれば、生活の張り合いもできる。

（　　）

14日

結論《けつろん》をつかむ

1 **次の文章を読んで、あとの問いに答えなさい。**

むかしから、①人びとは火山のはかりしれない力をおそれてきました。

火山による災害《さいがい》は、おもに爆発《ばくはつ》、噴火《ふんか》ででてくる溶岩《ようがん》や火山灰《ばい》、火山弾《だん》、軽石などによってひきおこされます。なかでもおそろしいのは、火山灰や軽石などが、高温のガスにまじって流れだす現象《げんしょう》です。これを熱雲とよんでいます。熱雲の温度は千度近くもあり、秒速数十メートルもの速さで、なだれのように山の斜面《しゃめん》をかけおりてきます。そのため、通り道にあたるものはことごとくやきはらわれてしまいます。

（中略《ちゅうりゃく》）

あばれるとおそろしい火山ですが、現在《げんざい》では科学者が、あらかじめ噴火しそうな火山をしらべて、少しでも噴火による災害が大きくならないように努力がつづけられています。

［②］浅間《あさま》山《やま》のような火山では、噴火の前に小さい地《じ》震《しん》がひんぱんにおこります。これは地下のマグマが地表へでようとして、ノックしているようなものです。［③］

(1) ――①「人びとは火山のはかりしれない力をおそれてきました」とありますが、

① 「火山のはかりしれない力」は、どのような形で現《あらわ》れますか。文中から二字の言葉を二つぬき出しなさい。

［　　］・［　　］

② ①をおそれて、科学者はどんなことをしていますか。最も適切《てきせつ》なものを次から選び、記号で答えなさい。

ア ①がおきないような方法を研究している。
イ 火山には近寄《よ》らないようよびかけている。
ウ ①がおきる時期や規ぼを研究している。
エ 火山による恩けいを強調している。

（　　）

(2) ［②］・［③］にあてはまる言葉として最も適切なものを次から一つずつ選び、記号で答えなさい。

ア また　イ しかし　ウ だから　エ たとえば

②（　　）③（　　）

➡解答は71ページ

月　　日

マグマがのぼってくるにしたがって、土地がわずかにもりあがることがあります。

これらを科学的にしらべることによって、いつ、どのくらいの規《き》ぼの噴火がおこるか、みとおしをたてるのです。

災害の面だけからみれば、火山はとても悪者のようにみえますが、じつはあたえてくれる④恩《おん》けいの方がはるかに大きいのです。

【火山のもつ広いすそ野は、牧場や畑、林野として多く利用されています。火山からふきだした火山灰は、ちっ素《そ》、りん酸《さん》、カリウムなどをふくむ天然の肥料《ひりょう》です。火山灰の土は、手をくわえてやりさえすれば、ゆたかな耕地《こうち》になります。

金、銀、銅《どう》などの鉱物資源《こうぶつしげん》も、もとはといえば、火山活動によって地下でつくられたものです。

また、マグマのもたらす熱は、無公害エネルギーとして注目されています。すでに地熱が暖房《だんぼう》につかわれたり、発電につかわれたりしています。】

⑤火山のもたらすもっとも大きな恩けいは、この生命繁栄《はんえい》の舞台《ぶたい》、地球をつくってきたことです。大地の多くの部分は溶岩でてでき、大気や海は火山がもたらしたガスや水蒸気《すいじょうき》でできているといわれています。そして、いまも火山は地球をつくりかえています。

（青木《あおき》 章《あきら》「火山は生きている」）

(3) ——④「恩けい」とありますが、【　】でくくられた部分には「恩けい」がいくつ書かれているか答えなさい。

（　　）つ

(4) ——⑤「火山のもたらすもっとも大きな恩けい」とは何か答えなさい。

（　　　　　　　　　　　　）

(5) この文章の結論《けつろん》として最も適切なものを次から選び、記号で答えなさい。

ア 火山はむかしから、はかりしれない力で大きな災害をひきおこしてきた。

イ 科学者は火山による災害を小さくするよう努力を続けている。

ウ 火山は災害もひきおこすが、大きな恩けいも人々にもたらす。

エ わたしたちは、火山によってつくられた地球を大切にしなければならない。

（　　）

ヒント 文章の一部ではなく、全体を通して、筆者が最も言いたいことは何か考えよう。

月　／　日

時間 20分【はやい15分・おそい25分】
合格 80点
得点　　点

⬇解答は72ページ

1 次の文章を読んで、あとの問いに答えなさい。

本の後ろのほうをめくると、著者《ちょしゃ》の名前のわきに、小さく「©」というマークがついています。これはこの本の著《ちょ》作権《さくけん》(コピーライト)は、その人がもっているということを示《しめ》しています。

著作権とは、その人がつくり出した著作物(作品)に対する権利のことです。

著作物とは本、音楽、映像《えいぞう》などの作品のことです。小説なら小説家、まんがならまんが家、論文《ろんぶん》なら、その論文を発表した研究者に著作権があります。著作権をもっている人以外が、その本に書かれていることを自分の［①］のように使ったり、それを利用してお金をもうけたりすることは禁《きん》じられています。

［②］、学習や研究発表などが目的のときは、必要最低《さいてい》限《げん》であれば利用してもいいことになっています。

あなたが発表をするとき、模造紙《もぞうし》などに、本にのっている文章をそのまま書いて使うときは、「　」でくくるなどして、自分が書いた文章と区別できるようにしましょう。

そして著者の名前と本などのタイトル、出版社《しゅっぱんしゃ》の名前など

(1) ［①］にあてはまる言葉を文中から三字でぬき出しなさい。(15点)

□□□

(2) ［②］・［④］にあてはまる言葉として最も適切《てきせつ》なものを次から一つずつ選び、記号で答えなさい。(10点×2—20点)

ア だから　イ たとえば　ウ ところで
エ ただし　オ つまり

②(　　)　④(　　)

(3) ——③「著作権法」で禁じられていないものを次から選び、記号で答えなさい。(15点)

ア 人の著作物を使ってお金をもうけること。
イ 著作者を明らかにせずに人の著作物を使うこと。
ウ 研究発表のとき必要最低限、人の著作物を使うこと。
エ 百科事典やHPの情報を自由に使うこと。

(　　)

を（　）でくくって、書いておきます。

ですから、著者の名前と本のタイトルなどは、必ずメモをとっておきましょう。インターネットで集めた情報《じょうほう》のときは、サイトの名前と*URL《ユーアールエル》を書いておきましょう。

でも、思いちがいをしないでほしいのは、③著作権法という法律を守るためだけに著者の名前や本のタイトルを書かなければならないのではありません。

法律《ほうりつ》がなくても、だれかの作品や研究はたいせつにしなくてはなりません。それは小説家や研究者だけにかぎったことではありません。

④あなたの友だちが先に考えたことを、あなたの考えのように発表するのは、友だちに対してとても失礼だし、いけないことです。もし、友だちが先に考えたことを使わせてもらうときは、「わたしの発表で使ってもいい？」と聞いて、「いいよ」と言ってもらえたら使うようにしましょう。

小説家や研究者には、いちいち「使ってもいいですか？」と聞くのはたいへんです。百科事典やHP《ホームページ》などにのっていた情報についても同じです。だからその⑤代わり、作者や研究者の名前、資料《しりょう》ののっている本の名前をはっきり書いておくのです。

（池上《いけがみ》　彰《あきら》「こうすれば発表がうまくなる」）

＊URL＝ウェブサイトのインターネット上の住所のこと。

(4) ――⑤「その代わり、……はっきり書いておくのです」とありますが、「その」が指しているのはどのようなことですか。次の□にあてはまる言葉を文中から二字でぬき出しなさい。（15点）

・作品や情報を使うときに、□に直接使ってもいいか聞くこと。

(5) この文章の結論《けつろん》として最も適切なものを次から選び、記号で答えなさい。（15点）

ア 自分の作品には「©」マークをつけなければならない。

イ 著作権法のことをもっと学ばなければならない。

ウ 研究発表は自分の言葉で行わなければならない。

エ 人の著作物はたいせつにしなければならない。

（　　）

(6) この文章の段落《だんらく》の構成《こうせい》として最も適切なものを次から選び、記号で答えなさい。（20点）

ア 最初の段落で結論を述《の》べている。

イ 具体例の書かれた段落は存在《そんざい》しない。

ウ 最後の段落まで筆者の主張《しゅちょう》は書かれていない。

エ 反対意見の書かれた段落は存在しない。

（　　）

1 次の文章を読んで、あとの問いに答えなさい。

章《あきら》くんの目をぬすんでは、①ぼくら三人がこそこそやっているのが、じゃがまるとしてはおもしろくない。首をつっこんでも相手にされないもんだから、ついに②癇癪《かんしゃく》を起こしてしまった。

じゃがまるは怒《おこ》ると物に八つ当たりする。

その夜。二十分の入浴を終えてリビングルームにもどってきた章くんは、そこいらじゅうに投げだされた雑誌《ざっし》やクッションやテーブルクロスを見て、ぎょっとした。

「おい。なんだ、これ」

③「じゃがまる」

ナスがいって、じゃがまるを指さした。

暴《あば》れまわってくたびれたのか、じゃがまるは真っ赤な顔のまま床《ゆか》にあぐらをかき、抗議《こうぎ》の姿勢《しせい》をとっていた。

「じゃがまる。おまえ、もう高学年だろ？　いいかげん、④こういうことはやめろよな」

章くんがいうと、

「まだ中学年だよ」

じゃがまるは仏頂面《ぶっちょうづら》でいいかえす。

➡解答は72ページ

(1) ――①「ぼくら三人」とありますが、じゃがまるは、この三人のことをそれぞれ何とよんでいますか。文中からぬき出しなさい。

（　　　　　　　　　　）

(2) ――②「癇癪を起こして」とありますが、「癇癪を起こす」と同じ意味の言葉を文中から二字でぬき出しなさい。

□□

(3) ――③「じゃがまる」とありますが、このあとに省略《しょうりゃく》されていると考えられる言葉を答えなさい。

じゃがまる（　　　　　　　　　　）

(4) ――④「こういうこと」とは、どういうことですか。「〜こと。」に続くかたちで、文中から九字でぬき出しなさい。

・□□□□□□□□□こと。

月　　日

「で、こんどはなんだ。なにが気にいらなかった？」

「みんなが仲間はずれにする」

「みんなって、だれだ」

「兄ちゃんと、恭《きょう》くんと、智明《ともあき》くん」

章くんの視線《しせん》がぼくらにうつった。

「仲間はずれになんて、してないよ」
⑤ナスがしどろもどろに弁解《べんかい》する。
「ただ、じゃがまるはまだ子供《こども》だから、あんまりきかせないほうがいいような話も……」

「ほらっ、すぐにそうやって子供あつかいする。そんなの、ずるいよ、ぼくだけ」

じゃがまるはとうとう泣きだしてしまった。「オオオオオー！」と、狼《おおかみ》の遠吠《とおぼ》えみたいなうなり声をあげ、全身をフルにばたつかせての盛大《せいだい》な泣きっぷりだ。

騒々《そうぞう》しいのがきらいな章くんが露骨《ろこつ》に眉《まゆ》をしかめる。そのいらだちはじゃがまるを飛びこえてぼくらにむかってきた。
⑥「じゃがまるを子供あつかいするな」

（森《もり》絵都《えと》「子供は眠《ねむ》る」）

(5) ——⑤「ナスがしどろもどろに弁解する」とありますが、どうして「しどろもどろに」なったと考えられますか。次の あ ・ い にあてはまる言葉を、文中からそれぞれ六字と四字でぬき出しなさい。

・章くんの あ 、三人で い やっていたことを知られたくなかったから。

あ ［　　　　　　］
い ［　　　　］

ヒント 「しどろもどろ」とは、言葉や話の内容《ないよう》がみだれる様子のことです。

(6) ——⑥「じゃがまるを子供あつかいするな」とありますが、このときの章の気持ちとして、最も適切《てきせつ》なものを次から選び、記号で答えなさい。

ア じゃがまるはもう子供じゃないぞ。
イ じゃがまるにきかせられない話って何だ。
ウ じゃがまるがかわいそうだろう。
エ とにかく、こんなさわぎを起こすんじゃない。

（　　）

ヒント 直前の章のようすに着目しよう。

1 次の文章を読んで、あとの問いに答えなさい。

キツネは、例の方法で、三回子ギツネをたずねてきたきり、ぱったり来なくなってしまった。

「くさりにつながれている子ギツネは、もう助けるすべもないとあきらめてしまったのだろうか。はやくくさりをといてやればよかったのだ。かわいそうなことをしてしまった」

正太郎《しょうたろう》は、こう考えて①後悔《こうかい》するのだった。

ところが、②ふしぎなことがある。

あいかわらず子ギツネは、あたえる食物はいっこう食べないのに、死にもせず、成長していくのだ。

このことに気がついて、③正太郎はほっとした。

そうだ、親ギツネはたしかに子ギツネをたずねてきているのだ。そうにちがいない。

「いったい今度は、どんな方法でやって来るのだろうか。ようし、ひとつ見つけてやるぞ」

正太郎は、寒い夜中に、二度も三度も起きだしていってみた。しかしやっぱり親ギツネのすがたは見つからなかった。

↓解答は72ページ

(1) ——①「後悔するのだった」とありますが、正太郎はなぜ後悔したのですか。次の ㋐・㋑ にあてはまる言葉を、文中からそれぞれ四字でぬき出しなさい。

・㋐ はもう、㋑ を助けに来ないのではないかと思ったから。

㋐ [　　　　]　㋑ [　　　　]

(2) ——②「ふしぎなこと」とありますが、それが書かれている一文をさがし、はじめの六字を答えなさい。

[　　　　　　]

ヒント 「ふしぎなこと」なので、ふつうではありえないことです。

(3) ——③「正太郎はほっとした」とありますが、なぜですか。「親ギツネ」という言葉を使って、答えなさい。

(　　　　)

日曜日だった。

雪どけのしずくが、ぽっとんぽっとん、静かに屋根から落ちている昼だった。

正太郎はなんの気なしに、子ギツネの巣箱のほうに行った。と、かさっと、音がした。

「おや！」

と思ってかけよってみたが、子ギツネ以外になんのすがたもなかった。

地面を調べてみた。

すると、やわらかい地面に、犬のともちがった、たしかに④キツネの足あとがついていた。

「ははあ、なるほど、□だけ見はってもだめなはずだ。それにしても、まっ昼間やって来るなんて、なんてだいたんなやつだろう」

と正太郎は感心した。

げん関のほうで秋田犬のほえる声がした。そのとき、⑤正太郎は、キツネが昼間やって来るわけがわかった。

「なるほど、犬は昼の間、つながれているのだ。親ギツネは、どうしてそれを知ったのだろう」

かれはキツネのりこうさにすっかりおどろいてしまった。

（椋《むく》鳩十《はとじゅう》「金色の足あと」）

(4) ――④「キツネの足あと」とありますが、どのキツネの足あとですか。次から選び、記号で答えなさい。

ア 子ギツネ　イ 親ギツネ　ウ 仲間のキツネ

（　　）

(5) □にあてはまる言葉を漢字一字で答えなさい。

□

(6) ――⑤「正太郎は、キツネが昼間やって来るわけがわかった」とありますが、

① 「キツネが昼間やって来るわけ」を答えなさい。

（　　）

ヒント 「わかった」ことを示《しめ》す言葉に着目しよう。

② 正太郎が「キツネが昼間やって来るわけ」を知る前とあとでは、正太郎の「キツネ」に対する見方が変化しています。知る前とあとの、「キツネ」に対する見方を表す言葉を、文中からそれぞれ四字と三字でぬき出しなさい。

前 □□□□　あと □□□

18日 物語を読む（3）

1 次の文章を読んで、あとの問いに答えなさい。

十分たっても、かな子は頂上《ちょうじょう》に来なかった。

もしかして急にトイレに行きたくなったとかで先に下りたかもしれない。三人は山を下りながら、かな子をさがすことにした。

どこにもかな子の姿《すがた》はなかった。お弁当《べんとう》を食べた草原広場までもどってみたけれど、やっぱりいない。公園事務所《じむしょ》に行って、かな子らしい子を見かけなかったか、たずねてみた。

「①こんな山で迷《まよ》うわけないですよね。」

夏美《なつみ》の言葉に、事務所の男のひとが□いった。

「登山道には分かれ道もあるし、危険《きけん》のない山なんてないんだよ。」

②三人は、事務所のひとと、もう一度登ることにした。分かれ道もさがしたが、うっそうとした木が重なるだけで、かな子の姿はない。

四時近くになると、日がかたむいてきた。

事務所のひとは、今度は大人だけでさがしに行くから、夏美たちに事務所で待つようにといった。かな子の家にも

↓解答は73ページ

(1) ——①「こんな山で迷うわけないですよね」とありますが、このときの夏美の気持ちとして最も適切《てきせつ》なものを次から選び、記号で答えなさい。

ア こんな山なら、かな子よりずっとおさない子でも迷わないだろう。

イ こんな小さな山だが、かな子のように自分も迷ってしまうかもしれない。

ウ かな子は迷っているのではなく、寄《よ》り道しているだけにちがいない。

エ かな子がこの山で迷っていることを事務所のひとに言うのははずかしい。

（　　）

ヒント 夏美はかな子が無事でいることを願っています。

(2) □にあてはまる言葉として最も適切なものを次から選び、記号で答えなさい。

ア おこったように　　イ 笑いながら

ウ はずかしそうに　　エ うなずきながら

（　　）

連絡《れんらく》し、あと一時間かな子が見つからなかったら、かな子の両親も来ることになった。

三人はパイプいすに座《すわ》った。

「ごめんね。わたしと綾《あや》が先に行ったから、こんなことになっちゃったんだ。」

梨紗子《りさこ》は今にも泣きだしそうだ。綾もうつむいている。

夏美は③こわくて、もうしゃべることができなかった。

一番悪いのはわたしだ。むかえに来てくれたかな子を置いていった。

もし、かな子の身になにかが起きて二度と会えないようなことになったら、全部、わたしのせいだ。

重い沈黙《ちんもく》がどのくらい続いたか、ぱっと事務所のドアが開《あ》いた。男のひとにはさまれてかな子が立っている。泣いたらしく、目が赤い。

「道、まちがえちゃった!」

かな子は三人を見ると、照れたように④舌《した》を出した。夏美はすぐに立ちあがろうとしたがほっとして、足に力が入らなかった。その場にしゃがんだ。
⑤「ごめんなさい!」
はずかしくて、とても顔を上げられない。

(魚住直子《うおずみなおこ》「親友になりたい」)

(3) ――②「三人」の名前を答えなさい。
(　　)(　　)(　　)

(4) ――③「こわくて」とありますが、夏美はどのようなことをこわがっているのですか。
(　　)

(5) ――④「舌を出した」とありますが、かな子がこのような動作をした理由は何だと考えられますか。最も適切なものを次から選び、記号で答えなさい。
ア 夏美に対するいかりをおさえるため。
イ 三人が待っていてくれたことに感謝《かんしゃ》するため。
ウ みんなに心配をかけたことをあやまるため。
エ 道をまちがえたはずかしさをごまかすため。
(　　)

ヒント 「照れたように」という言葉に着目しよう。

(6) ――⑤「ごめんなさい!」とありますが、夏美はどのようなことに対して謝《あやま》っているのですか。
(　　)

伝記を読む (1)

⬇解答は73ページ

月／日

1 次の文章を読んで、あとの問いに答えなさい。

もともと頭のよかったニュートンは、一六六一年にケンブリッジ大学に入学すると、はやくも数学(算数)の天才といわれるようになりました。

ところが、一六六五年にペスト*が大流行し、大学が休校になってしまいました。そこで、ニュートンは、うまれこきょうにかえってきました。りんごが木からおちるのを見て、引力を発見したという有名なはなしは、①このときのものです。

もっとも、りんごがおちるのを見ただけで、引力の法則《ほうそく》がわかったわけではありません。りんごが木からおちたのは、地面がりんごをひっぱっているからだと考えたのですが、それなら、そのひっぱる力の大きさは、どうやって計算したらよいかということが、そのときは、まだわかりませんでした。

(中略《ちゅうりゃく》)

一六七九年になると、ニュートンは、引力を計算する式を考えだしました。そのことを、友人のエドモンド・ハレーにはなすと、ハレーは、「それは、すばらしい発見だ。

(1) ――①「このとき」とありますが、

① 「このとき」とは、どんなときですか。

( )

② 「このとき」にニュートンが発見したものとして最も適切《てきせつ》なものを次から選び、記号で答えなさい

ア りんごが木からおちたのは、地面がりんごをひっぱっているからだということ。

イ りんごが木からおちる速さは、地面がりんごをひっぱる力によって変わるということ。

ウ りんごが木からおちるのは引力のせいであり、その力の大きさは簡単に計算できるということ。

エ りんごが木からおちるのを観察し続ければ、いつか引力が発見できるということ。

( )

ヒント すぐあとの段落《だんらく》に着目しよう。

(2) ――②「あたらしい教科書」とありますが、どのような点が「あたらしい」のですか。最も適切なものを次から選び、記号で答えなさい。

すぐ本に書いて発表するとよい。」とすすめました。

ニュートンは、一六八四年からじぶんの研究を書きはじめ、一六八七年に、『プリンシピア』という本にまとめて出版《しゅっぱん》しました。まえにおはなししたプトレマイオスの『アルマゲスト』は、天動説をもとにした天文学者の教科書でしたが、この②『プリンシピア』は、地動説をもとにした、天文学者のあたらしい教科書となりました。

それまでは、地動説が正しいと思っても、それなら地球のうらがわの人はどうなっているのかとか、地球が太陽のまわりをまわっているなら、その地球の上にのっている人たちに、なぜわからないのか、ということが大問題になってしまうのです。

地球が太陽のまわりをまわるといっても、そのスピードは、一秒間に三〇キロメートルという、ものすごいはやさです。そんなにはやかったら、人間は、ふりおとされてしまうはずです。それなのに、へいきでたっていることができます。

それは、みんな、地球の引力のためだったのです。

このことを、『プリンシピア』でニュートンが解決《かいけつ》したわけですから、これで、やっと□が完成したことになります。

（前川《まえかわ》 光《あきら》「星を見つめた人びと」）

＊ペスト＝当時流行した病気の名前。

ア 地球が太陽のまわりをまわっていると発表した点。
イ 天文学者にとってはじめての教科書になった点。
ウ 天動説をもわかりやすく説明していた点。
エ 地動説の今までの問題を解決した教科書だった点。

（　　）

(3) □にあてはまる言葉を文中から三字でぬき出しなさい。

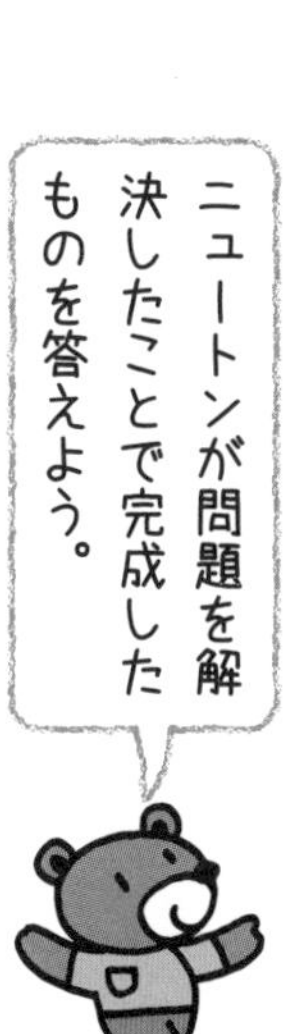
ニュートンが問題を解決したことで完成したものを答えよう。

□□□

(4) この文章の内容《ないよう》として最も適切なものを次から選び、記号で答えなさい。

ア ニュートンは大学に入学すると、すぐに数学の先生になった。
イ プトレマイオスは、ニュートンの発見をほめ、本を書くようすすめた。
ウ ニュートンは自分の研究を『プリンシピア』という本にまとめて出版した。
エ 引力の法則が発見されるまでは、地動説が正しいと考える人はいなかった。

（　　）

月　日

↓解答は74ページ

1 **次の文章を読んで、あとの問いに答えなさい。**

その倉庫は湿気《しっけ》が多く、すきま風がふきこみ、雨もりがするような建物でした。夏には温室のようになり、冬は冷《れい》蔵庫《ぞうこ》に化けるようなところを実験室にして、マリーのながい研究がはじまったのでした。

ウラン鉱石《こうせき》のほかにも、放射線《ほうしゃせん》をだす物質《ぶっしつ》があることがわかりました。このふしぎな放射線をだす性質《せいしつ》を、マリーは「放射能《ほうしゃのう》」と名づけました。

さらに研究をつづけているうちに、「えっ？」とおもったほどつよい放射能がある鉱物を見つけました。それはピッチブレンド（瀝青《れきせい》ウラン鉱）という鉱石です。

――①これはへんだわ。もしかすると、この鉱石のなかに、まだ、だれも発見していない、ごくわずかな量の元素《げんそ》がかくされているのではないだろうか。

マリーの頭にひらめいたこの疑問《ぎもん》から、②なぞの元素の正体をおいかける、③気のとおくなるような実験がはじまりました。

ピエールも自分の研究を中止して、マリーの実験にくわわりました。

(1) ――①「これはへんだわ」とありますが、

① マリーはどんなことを「へん」だと思ったのですか。次の□にあてはまる言葉を、文中から六字でぬき出しなさい。

・ピッチブレンドには意外なほど□があること。

□□□□□□

② ①の原因《げんいん》をマリーはどう考えましたか。

（　　　　）

(2) ――②「なぞの元素」とありますが、

① 「なぞの元素」には何という名前がつけられましたか。

（　　　　）

② 「なぞの元素」の性質を文中から二十一字でぬき出しなさい。

実験は、マリーの情熱《じょうねつ》としんぼうづよさにささえられて、何百回、何千回とくりかえされました。それは、ひろい砂《すな》浜《はま》におとしたひとつぶのダイヤモンドをさがすような作業でした。

一八九八年のおわりちかくになって、なぞの元素をついにとらえました。マリーはこの新発見の元素を「ラジウム」と名づけました。ラジウムはウランの二百万ばいもの、放射能をもっていることもわかりました。

しかし、ピッチブレンドにふくまれているラジウムは、ごくわずかな量でした。新発見の証拠《しょうこ》として、だれの目にも見えるほどの量をとり出すまでには、大量の鉱石がひつようです。そこで、④実験室の庭には馬車ではこびこまれたピッチブレンドが、山のようにつみあげられました。

実験の作業場は、これからは、倉庫のとなりの物おき小屋にうつります。見学にきたドイツの科学者が、「まるで馬小屋か、じゃがいもの倉庫かとおもった」というような建物でした。
⑤マリーは助手もつかわずに、力しごとの実験と研究を、夜おそくまでやっていました。作業衣は薬品でぼろぼろになり、手はがさがさにあれていました。

（伊東《いとう》 信《しん》「キュリー夫人」）

(3) ――③「気のとおくなるような実験」を別の言葉でたとえた部分を文中からぬき出しなさい。

（　　　　）

ヒント「〜ような」という言葉を使ってたとえている部分をさがします。

(4) ――④「山のようにつみあげられました」とありますが、なぜ「山のように」ピッチブレンドがひつようだったのか、理由を答えなさい。

（　　　　）

(5) ――⑤「マリーは……夜おそくまでやっていました」とありますが、ここからわかるマリーの性格《せいかく》を、文中の言葉を参考にして答えなさい。

（　　　　）

まとめテスト(4)

月　日

時間 20分［はやい15分・おそい25分］
合格 80点
得点　　点

⬇解答は74ページ

1 次の文章を読んで、あとの問いに答えなさい。

家の中にいるのが気詰《きづ》まりで、マンガを読んでいたアツシに「遊びに行こう」と声をかけた。

外で遊ぶのがあまり好きではないアツシも、じっと家にいるよりはましだと思ったのか、「いいの？」と声を[　　]。

①少年はアツシからすっと目をそらし、「早くしたくしろよ」と言った。「五十数えるまでに出てこなかったら、もう行っちゃうからな」

アツシはあわててマンガを置いて立ち上がり、居間《いま》に駆《か》け込《こ》んだ。

「おにいちゃんと遊びに行ってきていい？」

②あいつ、ばか。少年は顔をしかめた。あんのじょう、母の「だめよ、なに言ってんの」という声が聞こえた。「今日はゆっくり休んでなきゃだめなんだから。先生にも言われたでしょう？」

「でも、熱とか、全然ないよ。おなかも痛《いた》くないし」

③「そうじゃなくて……」

「朝からずーっと休んでるから、もういいでしょ」

(1) [　　]にあてはまる言葉として最も適切《てきせつ》なものを次から選び、記号で答えなさい。(10点)

ア あらげた　イ はずませた
ウ からした　エ おしころした

(　　)

(2) ——①「少年はアツシからすっと目をそらし」とありますが、

① 「少年」は、どういう人物ですか。次の[あ]・[い]にあてはまる言葉を答えなさい。(20点)

・名前は[あ]で、アツシの[い]である。

あ(　　)
い(　　)

② なぜ「少年はアツシからすっと目をそらし」たのですか。最も適切なものを次から選び、記号で答えなさい。(20点)

ア アツシが遊びのさそいに乗るとは思わなかったから。
イ 本当は遊びに行ってはいけないとわかっていたから。
ウ 遊びにさそっても母が許《ゆる》さないと思ったから。

「……おにいちゃんが誘《さそ》ったの？」

「そう。遊びに連れてってくれるって」

「もう、ナオキも……なに考えてるのよ」

少年は舌打《したう》ちして、母に「ちょっと来なさい」と呼《よ》びつけられる前に外に飛び出した。階段《かいだん》を三階から一階まで駆け下りて、団地《だんち》の駐輪場《ちゅうりんじょう》に向かう。心の中で、いーち、にーい、さーん、と数える。約束だから五十までは待つ。でも、五十になったら放っておこう、と決めた。

どうせアツシと遊んだって面白《おもしろ》くない。小学校に入学したばかりのアツシは、まだ補助輪《ほじょりん》なしの自転車には乗れない。子ども用の自転車に合わせていたら、団地の中の公園に行くのがせいぜいだ。

やっぱり、④クラスの友だちと遊ぶ約束をしておけばよかった。今日は日曜日だから朝から遊べたはずだし、いまからでも学校へ行けば、校庭でサッカーかソフトボールをしている友だちがいるかもしれない。

よんじゅうきゅう、で数えるのをやめた。今日はだめだよ、と友だちと遊ぶのをあきらめた。

もともと、今日はずっとアツシと一緒《いっしょ》にいるつもりだったのだ。アツシが入院する前の日はあいつのために過《す》ごしてやろう、と決めていたのだ。

（重松《しげまつ》 清《きよし》「おとうと」）

エ　アツシと遊べるのは今日が最後だから。

（　　）

(3) ――②「あいつ、ばか」と少年が思ったのは、なぜですか。次の□にあてはまる言葉を答えなさい。(20点)

・□ことを母が許すはずがないから。

（　　）

(4) ――③「そうじゃなくて……」とありますが、ここで母が言おうとしたのはどのようなことですか。次の□にあてはまる言葉を、文中から漢字二字でぬき出しなさい。(10点)

・熱がなくてもおなかが痛くなくても、明日から□するんだから、ゆっくり休んでなきゃだめ。

□□

(5) ――④「クラスの友だちと遊ぶ約束をしておけばよかった」とありますが、なぜ少年はクラスの友だちと約束をしなかったのですか。理由を答えなさい。(20点)

（　　）

22日

説明文・論説《ろんせつ》文を読む (1)

↓解答は75ページ

月　日

1 次の文章を読んで、あとの問いに答えなさい。

水を冷やしてみます。だんだん温度をさげてゆくと、水の*分子の動きがにぶくなりました。0度になると、水の分子はほかの水の分子の足をにぎってつぎつぎにつながりはじめます。

やがて、①すべての水の分子がまわりの4個の水の分子とつながったとき、氷のジャングルジムが完成します。これが、②水が氷になったときのすがたです。

このジャングルジムに水の分子ににたかたちの分子が近よっても、ちょっとでもちがうところがあれば仲間にはいれてもらえません。きれいなかたちのジャングルジムをつくれないからです。氷は、水の分子だけで規則《きそく》正しくつながろうとするとてもがんこなあつまりなのです。

氷のジャングルジムの仲間にいれてもらうには、水の分子と大きさが同じで2本のうでと2本の足があること。そして、水の分子と同じ角度で両うで両足がひらいていなければいけません。水にとけていたたくさんの空気の分子も、氷のジャングルジムの仲間にはいれてもらえずおしだされます。③空気の分子が、氷の中にとじこめられてしまうか、

(1) ——①「すべての水の分子がまわりの4個の水の分子とつながった」とありますが、この様子を筆者は何と表現《ひょうげん》していますか。文中から七字でぬき出しなさい。

□□□□□□□

(2) ——②「水が氷になったとき」の水の分子の様子について述《の》べた文章として正しいものを次から選び、記号で答えなさい。

ア 水が氷になるとき、水の分子はほかの水の分子とつながろうとしてすばやくうごく。

イ 水が氷になるとき、水の分子はにたかたちの分子だけを仲間にいれようとする。

ウ 水が氷になるとき、水の分子は同じ水の分子だけで規則正しくつながろうとする。

エ 水が氷になるとき、水の分子はできるだけ透明な氷になるようにつながろうとする。

（　　）

(3) ——③「空気の分子が、氷の中にとじこめられてしまう」とありますが、

① とじこめられた空気はどのようなすがたになりますか。

氷の外におしだされるかは、氷ができるはやさによってきまります。

ゆっくり長い時間をかけて温度をさげてゆくと、水もゆっくり氷にかわります。ブルドーザーがゆっくりきれいに土をならしていくように、すこしずつすこしずつていねいに空気をおしだしながら、氷のジャングルジムは大きくなります。

みじかい時間で温度をさげると、水もはやく氷にかわります。つぎからつぎへとできあがってゆくジャングルジムは、おしだされた空気のにげ道をふさいで、氷の中にとじこめてしまいます。

冷凍庫《れいとうこ》の氷の白いところやちいさなあわは、みじかい時間で冷やされたために、氷の中にとじこめられた空気だったのです。冬、池や水たまりにできる自然の氷は、冷凍庫の氷にくらべてゆっくりこおるので、空気のあわの少ないきれいな氷になります。

氷屋さんも、透明《とうめい》な氷をつくるときには、2日も3日もかけてゆっくりと水をこおらせるそうです。長い時間をかけてゆっくり水をこおらせることが、今のところ透明な氷をつくるただひとつの方法です。

（前野紀一《まえののりかず》「こおり」）

＊分子＝ものをどんどんこまかくしていったときにたどりつく、小さなつぶのこと。

文中から十四字でぬき出しなさい。

□□□□□□□□□□□□□□

② 空気をとじこめないように氷をつくるにはどうしたらよいですか。その方法を答えなさい。

（　　　　　）

③ ②の方法は氷屋さんでも使われています。それはなぜか理由を答えなさい。

（　　　　　）

ヒント 氷屋さんは②の方法をどんなときに使うか考えよう。

(4) 文章を内容《ないよう》によって前半と後半で分けるとすると、後半はどの段落《だんらく》からはじまりますか。最も適切《てきせつ》な段落をさがし、はじめの五字を答えなさい。

□□□□□

氷のできるしくみを順序《じゅんじょ》だてておさえること。

ヒント 前半は「水の分子」について書かれています。

説明文・論説《ろんせつ》文を読む (2)

解答は75ページ

月　日

1 次の文章を読んで、あとの問いに答えなさい。

①スローフードとは変なことばだときみは思うかもしれないね。「ゆっくりな食べもの」だなんて。でもその疑問《ぎもん》もまた「食べものは生きものである」ということからゆっくり考えていけば解《と》けるはずだ。

第一部で見たように、生きものにはそれぞれの「②生きもの時間」がある。ニンジンにはニンジン時間があり、ニワトリにはニワトリ時間がある。どの生きものもそれ独自《どくじ》の時間をそれぞれのペースで生きている。生きものである動植物は成長し、次の世代を残すための繁殖《はんしょく》活動をし、老い、死んでゆく。途中《とちゅう》で他の生きものに食べられるものもあるし、死んでから栄養となって他のいのちを育むものもある。個々《ここ》の生きものの時間が鎖《くさり》のように長く連なって、種《しゅ》全体の時間をつくっている。

長い歴史の中で人間は、こうしたさまざまな種の生きものの時間に学び、そのペースにうまく自分たちのくらしのペースを合わせるようにして生きてきたはずなのだ。③木の実や草の根を食べものにする人たちは、もちろん、その木や草が生きるペースをよく知って、それに合わせた生活をす

(1) ――①「スローフード」を表す別の言葉を文中から九字でぬき出しなさい。

(2) ――②「生きもの時間」とありますが、どのような時間ですか。次の[あ]・[い]にあてはまる言葉を文中からそれぞれ八字と二字でぬき出しなさい。

・生きものが[あ]で生きている[い]の時間。

(3) ――③「木の実や草の根を食べものにする人たちは、もちろん、その木や草が生きるペースをよく知って、それに合わせた生活をする」とありますが、

① これに反する例としてどのようなことが挙げられていますか。

るだろうし、動物や魚の肉を食べる人たちは、えものの生活のリズムをちゃんとつかんでおく必要がある。欲《よく》ばっていっぺんにたくさんとってしまえば、次の世代を産み、育ててゆく動植物のペースが追いつかなくなって、結局、自分たちの食べるものがなくなって困《こま》ることになる。つまり、自分が生きていくためには、急がず、あせらず、相手の時間に合わせることが必要なのだ。

④農業や牧畜《ぼくちく》や養殖《ようしょく》をする人たちは、ただ相手の生きもの時間にこちらのくらしを合わせるだけでなく、さらに一歩進めて、相手を自分のくらしのペースの中に引き入れることによって食べものをもっと確実《かくじつ》に手に入れようとする。イネやムギは、人間がつくった田んぼや畑で、野生の植物だったときとはちょっとちがう時間や空間の中に生きて、多くの実をみのらせ、人間が一年を通じて食べる主食となる。牛や豚《ぶた》やニワトリなどの動物は、人間のつくった農場や牧場で、これもまた□の動物とはずいぶんちがうくらしぶり——自分で探《さが》さなくても餌《えさ》が与《あた》えられる分、ずっとファスト*——をしながらも、それぞれの動物に独特の時間を生きて、やがて人間の食べものとなる。

（辻《つじ》 信一《しんいち》「『ゆっくり』でいいんだよ」）

＊ファスト＝「速い」という意味の英語。

（　　　　）

ヒント 目先だけのことを考えた行動です。

② ①を続けると、結局、人間にとってどのような結果になりますか。

（　　　　）

(4) ——④「農業や牧畜や養殖をする人たち」は、「生きもの時間」をどのように利用していますか。それを表す言葉を文中から十八字でぬき出しなさい。

□□□□□□□□□□□□□□□□□□

ヒント 「生きもの時間」に人間を合わせるだけでなく、どうするのでしょう。

(5) □にあてはまる言葉を文中から二字でぬき出しなさい。

□□

説明文・論説《ろんせつ》文を読む (3)

↓解答は76ページ

月　日

1 **次の文章を読んで、あとの問いに答えなさい。**

名古屋市の環状《かんじょう》高速道路。その出入り口と下の一般道《いっぱんどう》をつなぐランプの*擁壁《ようへき》には、規則的《きそくてき》に穴《あな》があいている。水抜《ぬ》き用に*ビニールパイプをうめこんであるためだ。その穴に、なんとスズメたちが出入りしていた。

（中略《ちゅうりゃく》）

わたしたちの身近なところにいるスズメは、英語ではツリースパローといった。ツリーは木、スパローはスズメで、むかしは名前が示《しめ》すとおり、[　　]に巣をつくっていた。木にできた穴――樹洞《じゅどう》――や、こみいった枝《えだ》に、わらなどを大量に運びこんで、内部には野鳥の羽毛《うもう》などを拾ってきて敷《し》きつめていた。

半世紀も前の日本は、建物といえばみんな木造建築《もくぞうけんちく》だった。そして外壁《がいへき》には、みんな板が使われていた。板には節《ふし》穴《あな》があったから、スズメたちはその穴から出入りして、板《いた》壁《かべ》の隙間《すきま》を巣にした。このような隙間は、たとえ人間の建物であっても、スズメには樹洞を思いおこさせて安心できるものがあったのだろう。

やがて、40年くらい前から、木造建築から新建材を多用

(1) 次の①～④は、日本のスズメのすみかの移《うつ》り変わりについて述《の》べています。次の[　　]にあてはまる言葉を文中からそれぞれ、①は二字、②は五字、③・④は六字でぬき出しなさい。

① むかし…[　　]

② 半世紀前…[　　　　　]

③ 40年前…[　　　　　　]や電柱の電線を支える鉄の横木など

④ 今日…[　　　　　　]

ヒント 時代順に書かれています。

(2) (1)の②～④のように、スズメが人間と共存するようになったのはなぜですか。

（　　　　　　　　）

した建築物へと、わたしたちの環境《かんきょう》が変わってきた。すると、スズメたちは巣づくりの場所を失い、苦労しながらも新建材の隙間とか、電柱の電線を支《ささ》える鉄の横木などに、巣づくり場所をみいだしてきた。

そして、今日はコンクリートを多用する社会。ますます巣穴となる場所がなくなってきたと思ったら、写真のような水抜きパイプに巣をつくるようになった。

スズメの先祖《せんぞ》は、森からスタートした。森にはたくさんの樹木《じゅもく》があり、そして樹洞があった。

その後、人間によって森が破壊《はかい》され、スズメは人家付近を生活の場として、人間との共存《きょうぞん》の道を選んできた。そして、時代とともにその変化に柔軟《じゅうなん》に対応《たいおう》しながら、今日ではコンクリート族になったのである。自分の先祖が樹洞に暮《く》らしていたなんて、コンクリートマンション生活の現代《げんだい》っ子スズメには知る機会もないだろうが、味気ないビニールパイプでも「すみか」として受け入れている。人間社会が変化しつづけるかぎり、またスズメ社会も変化していくのだろう。

（宮崎《みやざき》　学《まなぶ》「コンクリート壁のスズメ団地《だんち》」）

＊擁壁＝地面がくずれないようにつくられたかべのこと。
＊ビニール＝コンクリートで外側を固められた建造物の内部にたまった水を外に出すためにつけられるパイプ。

(3) (1)のように、すまいを変化させてきたスズメの対応を、筆者は何と表現《ひょうげん》していますか。次の□にあてはまる言葉を文中から二字でぬき出しなさい。

・□な対応

ヒント　その場に応《おう》じた行動のできるさまを表す言葉です。

(4) □にあてはまる言葉を文中から一字でぬき出しなさい。

(5) ――「自分」とは、この場合、だれを指していますか。最も適切《てきせつ》なものを次から選び、記号で答えなさい。

ア スズメ　イ 人間　ウ 筆者

（　　）

(6) この文章の内容《ないよう》として最も適切なものを次から選び、記号で答えなさい。

ア 日本の建築物は、スズメに合わせてつくられる。
イ スズメのすみかは、よりよいものになってきている。
ウ 人間はスズメを追いはらうために建築物を変えてきた。
エ 人間社会の変化とともにスズメのすみかも変化する。

（　　）

25日 まとめテスト (5)

月　日

時間 20分（はやい15分 おそい25分）　合格 80点　得点　点

↓解答は76ページ

1 次の文章を読んで、あとの問いに答えなさい。

①なぜ、地震《じしん》はこわいのでしょうか。

地震はとつぜんくるから？　たしかにそうです。自然の災害《さいがい》は、地震のほかにも数多くあります。しかし、地震のように、なんのまえぶれもなく、とつぜんおそってくるものは、ほかにはまずありません。

[②]、台風は、何日も前から刻々《こっこく》と予報《よほう》がだされますし、じっさいに、何時間もまえから風や雨が強くなって、危険《きけん》の予告をしてくれます。土砂《どしゃ》くずれや洪水《こうずい》でも、③いきなりおそってくるというよりは、大雨のあととか、なにかの警戒《けいかい》のしるしがあってからおきるものです。

では、④火山はどうでしょう。火山は地震ににて、いきなり人々をおそうことがあります。みなさんも、火山の噴火《ふんか》で多くの人が死んだり、古くはイタリアのポンペイのように、町ごと火山灰《かざんばい》に埋《う》まってしまった、といった被害《ひがい》のあったことを知っているでしょう。

[⑤]、火山は、たとえば、東京や大阪《おおさか》のまんなかで、いきなり噴火がはじまることはありません。火山の近くに住んでいる人たちは、じゅうぶん、注意する必要があるで

(1) ——①「なぜ、地震はこわいのでしょうか」とありますが、これに対する答えが表されている一文をさがし、はじめの七字を答えなさい。(20点)

(2) [②]・[⑤]にあてはまる言葉として最も適切《てきせつ》なものを次から一つずつ選び、記号で答えなさい。(10点×2—20点)

ア だから　イ たとえば
ウ でも　エ また

②（　　）　⑤（　　）

(3) ——③「いきなり」と同じ意味で使われている言葉を二つ、文中からそれぞれ十字と四字でぬき出しなさい。(10点×2—20点)

しょうが、日本のどこにでも危険があるわけではありません。

これにくらべて、地震は、日本のどこがおそわれなくてすむのか、どこならぜったいに安全かということは、いまの研究の水準《すいじゅん》では、残念ながらまだわかっていません。

ですから、地震は、いつくるか、どこにくるか、そのどちらもわからないうちにわたしたちをおそう、そういう意味では、たいへんにおそろしい災害です。そして、いったん地震におそわれると、ときには何千人、あるいは何万人もの命が失われ、そのうえ、社会の多くのはたらきにも、大きな被害をだすことを、みなさんも知っているでしょう。

しかし、こわがっていても、地震は、くるときにはかならずくるのです。みなさんの時代にはたまたまこなくても、みなさんの子どもか孫の時代までに、いつかは、北海道も東北も関東も関西も、あるいはほかの地域《ちいき》でも、大地震は、たぶんまちがいなくくるのです。

いずれは、[⑥]やってくる災害。それは、なんともやっかいなものですが、それについて、ただおそれるだけでは進歩はありません。その⑦災害に、たちむかうための方《ほう》策《さく》をかんがえることが、人類の知恵《ちえ》のひとつだと思います。

(島村英紀《しまむらひでき》「新・地震をさぐる」)

(4) ——④「火山はどうでしょう」とありますが、火山による災害の起こり方について、①地震とにているところ、②地震とちがうところを答えなさい。(10点×2—20点)

① (　　　　)

② (　　　　)

(5) [⑥]にあてはまる言葉として最も適切なものを次から選び、記号で答えなさい。(10点)

ア かならず　　イ たまたま

ウ じょじょに　　エ もしかすると

(　　)

(6) ——⑦「災害に、たちむかうための方策」とありますが、あなたの考える「災害に、たちむかう方策」を自由に書きなさい。(10点)

(　　　　)

⬇解答は77ページ

月／日

1 次の詩を読んで、あとの問いに答えなさい。

あいたくて

工藤直子《くどうなおこ》

だれかに　あいたくて
なにかに　あいたくて
生まれてきた――
そんな気がするのだけれど

それが　① なのか　なになのか
② あえるのは　いつなのか――
③ おつかいの　とちゅうで
迷《まよ》ってしまった子どもみたい
とほうに　くれている

(1) この詩の題名は「あいたくて」ですが、作者があいたいと思っているのはどういうものですか。次の□にあてはまる言葉を詩の中から六字でぬき出しなさい。

・自分が□理由となる人やもの。

(2) ① にあてはまる言葉を詩の中から二字でぬき出しなさい。

(3) ――②「あえるのは　いつなのか――」の「――」に言葉を入れるとしたら、どのような言葉が適切《てきせつ》ですか。答えなさい。

（　　　　）

(4) ――③「おつかいの　とちゅうで／迷ってしまった子どもみたい」は、ある行のたとえとなっています。何行目のたとえですか。その行番号を答えなさい。

それでも　手のなかに
みえないことづけを
にぎりしめているような気がするから
それを手わたさなくちゃ
［④］
あいたくて

（各行のはじめの数字は行番号を示《しめ》しています）

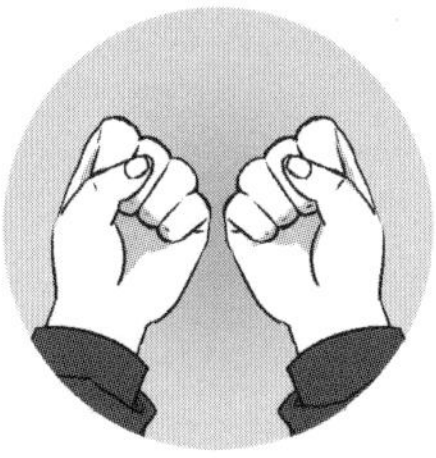

（　　）行目

ヒント「どうしたらいいかわからない」ことを表しています。

(5) ［④］にあてはまる言葉として最も適切なものを次から選び、記号で答えなさい。

ア　だから　　イ　そして
ウ　けれど　　エ　たとえば

（　　）

(6) この詩から読み取れる作者の気持ちとして適切でないものを次から選び、記号で答えなさい。

ア「わたし」は、使命をもってこの世に生まれてきた。
イ　だれにあいたいのか、今はわからないけど、必ずそういう人がいると信じている。
ウ　もうこれからは迷うことなく、信じた道を歩いていける。
エ「みえないことづけ」を手わたすまでがんばって生きよう。

（　　）

詩を読む(2)

➡解答は77ページ

月／日

1 次の詩を読んで、あとの問いに答えなさい。

発見　　高階杞一《たかしなきいち》

小さい頃《ころ》の夢《ゆめ》を見ていた
①ぼくは笑ってた
②ともだちと階段《かいだん》を下りていきながら
何がそんなにうれしいのか
と思うほど
笑ってた

こんな日がぼくにもあったんだ
と思ったら
何だか
こころの中がぬくもってきた

(1) ――①「ぼくは笑ってた」とありますが、「ぼく」の笑いはどんな笑いだったと考えられますか。最も適切《てきせつ》なものを次から選び、記号で答えなさい。

ア つくり笑い。　イ 大笑い。
ウ 軽いほほえみ。　エ 泣き笑い。

（　　）

(2) ――②「ともだちと階段を下りていきながら」とありますが、ここからどのようなことが考えられますか。最も適切なものを次から選び、記号で答えなさい。

ア ともだちと、階段を下りる速さを競争しているのだろう。
イ 階段の上で、ともだちが待っているのだろう。
ウ ともだちとどこかへ遊びに行こうとしているのだろう。
エ ともだちと階段を下りる夢を小さい頃に見たことがあるのだろう。

（　　）

ヒント 「ぼくは笑ってた」ことに着目しよう。

もう二度と
③その頃には④帰っていけないけれど
ぼくの中には今も
その頃の笑っているぼくがいる
それが発見できた朝
ぼくは
いつもより少し
うれしく目を覚ましたんだよ

(3) ――③「その頃」とは、いつの頃ですか。最も適切なものを次から選び、記号で答えなさい。
ア 小さい頃。
イ こころがぬくもっていた頃。
ウ 階段を下りていた頃。
エ ともだちがいた頃。
（　　）

(4) ――④「帰っていけない」とありますが、なぜ「ぼく」は「帰っていけない」のですか。最も適切なものを次から選び、記号で答えなさい。
ア 今の「ぼく」にはともだちがいないから。
イ 「ぼく」はもう、大人になってしまったから。
ウ 「ぼく」はもう、うれしいと思うことがないから。
エ 昔の「ぼく」が遊んでいた階段はもう存在《そんざい》しないから。
（　　）

(5) この詩の題名は「発見」ですが、作者は何を発見したのですか。最も適切なものを次から選び、記号で答えなさい。
ア 小さい頃に見た夢。
イ 小さい頃に下りた階段。
ウ こころの中のぬくもり。
エ 幸せを感じる気持ち。
（　　）

短歌・俳《はい》句《く》を読む

解答は78ページ

月　日

1 次の短歌・俳《はい》句《く》を読んで、あとの問いに答えなさい。

A 白い手紙がとどいて明日は春となる
うすいがらすも磨《みが》いて待たう《(と)》
齋藤《さいとう》 史《ふみ》

B サンダルの青踏《ふ》みしめて立つわたし
銀河《ぎんが》を産んだように涼《すず》しい
大滝和子《おおたきかずこ》

C 飛行士の足形つけてかがやける
月へはろばろ*尾花《おばな》をささぐ
香川《かがわ》ヒサ

D まつ白の*ほうたるのやう《(よ)》にこゑ《(え)》もなく
今年はじめての雪が降《ふ》りくる
河野裕子《かわのゆうこ》

(1) Aの短歌は、どのような気持ちを表していますか。最も適切《てきせつ》なものを次から選び記号で答えなさい。

ア 喜び　イ おどろき　ウ 心配　エ 感謝《かんしゃ》

（　　）

(2) Bの短歌で「涼しい」を修飾《しゅうしょく》している言葉をぬき出しなさい。

（　　）

(3) Cの短歌は何を表していますか。最も適切なものを次から選び記号で答えなさい。

ア 飛行士の不安。　イ 飛行士の喜び。

ウ かがやく月の美しさ。　エ 尾花がかれてゆくさびしさ。

（　　）

(4) Dの短歌を次のように説明しました。次の□にあてはまる季節を答えなさい。

・「今年はじめての雪が降りくる」と書かれていることから、この短歌が作られた季節は□であることが読み取れる。

（　　）

E　日に干《ほ》し布団《ふとん》敷《し》きのべ□といふ《（う）》
　　見知らぬもののために眠《ねむ》りつ
安立《あんりゅう》スハル

F　分け入つ《（っ）》ても分け入つ《（っ）》ても青い山
種田山頭火《たねださんとうか》

G　跳躍台《ちょうやくだい》人なしプール真青なり
水原秋櫻子《みずはらしゅうおうし》

H　ガラス窓壊《まどこわ》れてしまふ《（う）》よい天気
富澤赤黄男《とみざわかきお》

I　ちるさくら海あを《（お）》ければ海へちる
大野林火《おおのりんか》

J　まさを《（お）》なる空よりしだれざくらかな
富安風生《とみやすふうせい》

＊尾花＝すすきのこと。
＊ほうたる＝ほたるのこと。

(5) Eの短歌の□にあてはまる言葉として最も適切なものを次から選び、記号で答えなさい。

ア 昨日　イ 今日　ウ 明日　エ 今

（　　）

(6) Fの俳句の特徴《とくちょう》として、最も適切なものを次から選び、記号で答えなさい。

ア 語りかけるような口調で書かれている。
イ くり返しの表現《ひょうげん》を効果的《こうかてき》に使っている。
ウ 秋のもの悲しさを表現している。

（　　）

(7) Gの俳句を場面によって前半と後半で分けるとすると、後半はどこから始まりますか。後半のはじめの三字を答えなさい。

□□□

ヒント　俳句を読んで風景を想像《そうぞう》してみよう。

(8) F～Jの俳句は、すべて何かの「青さ」を強調しています。それぞれ何の「青さ」を表した俳句か答えなさい。

F（　　）
G（　　）
H（　　）
I（　　）
J（　　）

↓解答は78ページ

月　日

1 次の文章を読んで、あとの問いに答えなさい。

【古文】

①よろづ《ず》のことよりも情《なさけ》あるこそ、男《をとこ》はさらなり、女もめでたくおぼゆれ。なげのことばなれど、せちに心にふかく入《い》らねど、いとほ《お》しきことをば「いとほ《お》し」とも、②あは《わ》れなるをば「げにいかに思ふ《う》らん」などいひ《い》けるを、伝へ《え》て聞きたるは、さし向《むか》ひ《い》ていふ《う》よりもうれし。③いかでこの人に、思ひ《い》知りけりとも見えにしがな、とつねにこそ［　④　］。

かならず思ふ《う》べき人、とふ《う》べき人は、⑤さるべきことなれば、とり分かれしもせず。⑥さもあるまじき人の、さしいらへ《え》をもうしろやすくしたるは、うれしきわざなり。いとやすきことなれど、さらにえあらぬことぞかし。

おほ《お》かた心よき人の、まことにかどなからぬは、男も女も⑦ありがたきことなめり。

（清少納言《せいしょうなごん》「枕草子《まくらのそうし》・二六九段《だん》」）

(1) ——①「よろづのこと」の訳が、【現代語訳】の［　］に入ります。あてはまる言葉として最も適切《てきせつ》なものを次から選び、記号で答えなさい。

ア あらゆること　イ ささやかなこと
ウ 本音でぶつかること　エ 良いおこないをすること

（　　）

(2) ——②「あはれなる」、——③「いかで」の意味を、それぞれ【現代語訳】の中からぬき出しなさい。

②（　　）
③（　　）

(3) ［④］にあてはまる最も適切な言葉を【古文】の中から四字でぬき出しなさい。

ヒント 指定された字数に気をつけてさがし出そう。

(4) ——⑤「さるべきこと」とありますが、何が「さるべきこと」なのか答えなさい。

【現代語訳《げんだいごやく》】

□よりも、思いやりの心のあることが、男性はもちろんのこと、女性にとっても大切だと思う。うわべだけで、切実に心の深いところから出た言葉でなくても、(ある人が)気の毒なことを「気の毒だ」とか、かわいそうなことを「本当にどんなに悲しいことだろう」と言ったということを(他の人から)伝え聞くと、(ある人が)面と向かって言ってくれるよりもうれしいものだ。なんとかしてその人に、自分がその親切な思いを知り(感動したと)知らせたいものだ、といつも思う。

かならず心配してくれるはずの人や、たずねてくれるはずの人の場合は、当たり前のことなので、とくにうれしいとも思いはしない。そうではない人が、そんな場合のあいさつなどを気安くしてくれたのは、うれしいことである。とてもかんたんなことだけれども、なかなかできないことでもある。

だいたい心の美しい人で、本当に才知がある人は、男でも女でもめったにないことであるようだ。

(　　)

ヒント まず、現代語訳を見て、「さるべきこと」の意味をおさえよう。

(5) ――⑥「さもあるまじき人」とはどのような人ですか。最も適切なものを次から選び、記号で答えなさい。

ア 存在《そんざい》するはずのない理想の人
イ 当たり前のことができない人
ウ 人に心配されてもうれしいと思わない人
エ 心配してくれるほど仲がいいわけではない人

(　　)

(6) ――⑦「ありがたきこと」とありますが、何が「ありがたきこと」なのか答えなさい。

(　　)

(7) この文章で、筆者が最も大切だと言っているものは何ですか。【古文】から一字でぬき出しなさい。

□

月　日

時間 20分（はやい15分おそい25分）
合格 80点
得点　点

1 次の詩を読んで、あとの問いに答えなさい。

つる草　栗原貞子《くりはらさだこ》

支柱《しちゅう》さえ強く高ければ
天へもとどく草です
かよわくて直立は出来なくても
想《おも》いめぐり
想いめぐり
めぐりつづけて伸《の》びて行くのです

だが①風が激《はげ》しく吹《ふ》きまくる晩《ばん》
わたしと支柱と一緒《いっしょ》に吹き倒《たお》されそうでした
不安な想いで
②いちずにすがればすがるほど

(1) ——①「風が激しく吹きまくる晩」と、——④「朝」は、それぞれある様子をたとえています。あてはまるものとして最も適切《てきせつ》なものを次から一つずつ選び、記号で答えなさい。（10点×2—20点）

ア なやみや迷《まよ》いが一切感じられない様子
イ 悲しみによって心がしずんでいる様子
ウ たえがたい困難《こんなん》におそわれている様子
エ 希望を見つけ出し、前向きになった様子

①（　　）　④（　　）

(2) ——②「いちずに」の意味として最も適切なものを次から選び、記号で答えなさい。（15点）

ア 悲しいほどに　イ ひたすらに
ウ 気まずい思いで　エ 前向きな思いで

（　　）

(3) ——③「離れようとさえするのでした」とありますが、なぜ「離れようと」したのですか。次の□にあてはまる言葉を文中から五字でぬき出しなさい。（15点）

・□でいっぱいで、支柱がたよりなく思えたから。

⬇解答は79ページ

支柱はたよりなくて
ついには永《なが》い間
めぐりめぐらせていた想いをほぐして
③離《はな》れようとさえするのでした

けれど、やがて④朝が来て
太陽がやさしくほほえむ時
しみじみと支柱に安住している
⑤を感じるのでした

わたしは弱い蔓《つる》草です
でも支柱さえ高く強ければ
⑥なのです

(4) ⑤にあてはまる言葉として最も適切なものを次から選び、記号で答えなさい。(15点)
ア いちずさ　イ かよわさ
ウ 後悔《こうかい》　エ 幸い
(　　)

(5) ⑥にあてはまる言葉を文中から七字でぬき出しなさい。(15点)

(6) この詩が伝えたいこととして最も適切なものを次から選び、記号で答えなさい。(20点)
ア 自分にとっての支柱を離さなければ、どこまででも伸びて行くことができる。
イ 時に弱くてたよりない支柱のほうが、かよわいつる草にとってはちょうどよいこともある。
ウ 自分にとっての支柱が折れないように、しっかりとすがって支《ささ》えるべきだ。
エ 支柱に対して不安を感じたときは、一度離れてみるのがよい。
(　　)

進級テスト

月　日

時間 25分 〔はやい20分・おそい30分〕
合格 80点
得点　　点

➡解答は80ページ

1 次の文章を読んで、あとの問いに答えなさい。

「イワナはな、動きが速いんだ。毛糸の目じるしが少しでも動いたら、①すかさずさおを立てろ。おそすぎることはあっても、速すぎることはないからな」

（A）

ぼくはエサをつけ直し、ふたたび仕かけを流した。二回、三回、四回、五回……。しかし、何度流してみても、エサが取られるだけだった。

（B）

ぼくが弱音をはくと、トモは「おれがやって見せるから、見とけよ」と、さおをふった。

さおが風を切り、エサが流れに落ちる。ピンとはった糸。赤い毛糸がゆっくり流れ、岩の横でフッとゆらいだ。

ピシッ！

その瞬間《しゅんかん》、トモのさおがぐぐっと曲がった。やがて、流れをさいておどりでたのは、二十五センチもある大きなイワナだった。

「どうだ、かんたんだろ」

「②うーん……」

(1) ——①「すかさず」の意味として最も適切《てきせつ》なものを次から選び、記号で答えなさい。（10点）

ア 動かないで　イ あわてないで

ウ 間をおかないで　エ おそれないで

（　　）

(2) ——②「うーん……」とありますが、「……」の部分に言葉をおぎなうとしたら、どのような言葉があてはまりますか。考えて答えなさい。（10点）

（　　）

(3) ③ にあてはまる言葉として最も適切なものを次から選び、記号で答えなさい。（5点）

ア だから　イ そして

ウ まず　エ しかし

（　　）

(4) ——④「熱くなる」とありますが、このときの「ぼく」の様子として最も適切なものを次から選び、記号で答えなさい。（10点）

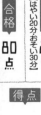

みごとすぎて、くやしくもない。［③］、ふたたびさおをふりだすと、だんだんと、くやしさがわいてきた。

「ちくしょう、魚なんかになめられてたまるか。トモにだって釣《つ》れたんだ。ぼくだって」

「その調子、その調子。くやしがるヤツほど、魚釣りはうまくなる。あははは っ」

④熱くなるぼくを見て、トモがわらった。

（C）

そのときだ。いきなり手にしたさおが大きく［⑤］。

「な、何だ？」

ぐいぐいと手につたわる魚の引き。想像《そうぞう》以上に大物だ。

「や、やったーっ！」

「無理に引くな。さおをねかせて、下流に歩け」

ぼくの胸《むね》は、［⑥］鳴った。

「大きいぞ。持ちあげたら糸が切れるからな。ゆっくりと、岸まで引いてこい」

ぼくがしんちょうに魚をよせると、トモは、川に入り、魚を岸にすくいあげてくれた。

「すごいぞ、すごいぞ。三十センチの大イワナだ」

トモが目玉を［⑦］させていった。

「よっしゃーっ！」

ぼくもこうふんして大声をあげた。

（阿部《あべ》夏丸《なつまる》「オオサンショウウオの夏」）

ア　トモにばかにされ、はらが立っている。
イ　トモに負けまいとむきになって興奮《こうふん》している。
ウ　魚釣りの楽しさに目覚め、はしゃいでいる。
エ　魚が釣れない悲しみで泣きそうになっている。

（　　）

(5) ［⑤］にあてはまる言葉を文中から四字でぬき出しなさい。（10点）

□□□□

(6) ［⑥］・［⑦］にあてはまる言葉として最も適切なものを次から一つずつ選び、記号で答えなさい。（5点×2―10点）

ア　キラキラ　　イ　メラメラ
ウ　ドキドキ　　エ　ハラハラ

⑥（　　）　⑦（　　）

(7) この文章は次の一文がぬけています。この一文が入る最も適切な場所を、文中の（A）～（C）から選び記号で答えなさい。（15点）

・「だめだよ、やっぱり釣れないよ」

（　　）

② 次の詩を読んで、あとの問いに答えなさい。

ハンカチの木

川崎洋子《かわさきようこ》

中国　四川省《しせんしょう》の山には
ハンカチの木が生えているそうだ
緑の葉のあいだに
白い苞《ほう》がハンカチのようにひらめいているという

春に木は①百千のハンカチをふっては捨《す》て
秋には葉のいっさいを脱《ぬ》ぎ捨てる
そのたびに木の感覚は新しくなり
風にさらされて精神《せいしん》はつよくなる
なにひとつ捨てることのできないわたしは
一歩の足も踏《ふ》みだせない
傷《きず》つくことをおそれ
一枚の②上着を脱ぐこともしない

たたずむばかりのわたしのうえ
さよなら　さよなら
白いハンカチの花がふりつもる

（各行のはじめの数字は行番号を示《しめ》しています）

(1) この詩を内容《ないよう》によって前半と後半で分けるとすると、後半は何行目からはじまりますか。行番号で答えなさい。（10点）

（　　）行目

(2) ——①「百千のハンカチをふっては捨て」とありますが、この様子が「わたし」にはどのように見えるのですか。次の あ ・ い にあてはまる言葉を、文中からそれぞれ四字と二字でぬき出しなさい。（5点×2—10点）

・ あ と言いながら、古い い を脱ぎ捨てているように見える。

あ

い

(3) ——②「上着を脱ぐ」ことで、どうなると「わたし」は考えていますか。次の あ ・ い にあてはまる言葉を、文中からそれぞれ三字と二字でぬき出しなさい。（5点×2—10点）

・ あ かもしれないが、 い は強くなるはずだ。

あ

い

解答

読解力4級

● 1日 2・3ページ

1 (1)ア

(2)ウ

(3)イ

(4)ア

(5)(例)身につける

(6)あ体温を一定に保つ

い寒い中を歩きまわらねばならない

考え方

1 (1)「きわめて」は、「非常《ひじょう》に」「この上なく」という意味を表す言葉です。

(2)アの「長」は「年上」という意味、イは「ながさ」という意味、ウは「すぐれている」という意味、エは「責任《せきにん》者」という意味があります。

(3)「陣」は「兵隊の集まる場所」という意味があります。そこから「陣どる」は、ある場所を自分のものにすることを意味するようになりました。

(4)「もはや」は「もう」や「今となっては」と同じ意味をもつ言葉です。

(5)「毛皮や皮製品を身にまとう」とあります。毛皮はこの場合、衣服のことなので、「身につける」という意味で使われていると考えられます。「着る」でも正解《せいかい》です。

(6)寒いと熱がうばわれる→熱を発生させて体温を保つために食べる→食べものを求めて寒い中を歩きまわる→寒いと熱がうばわれる、という流れが「いたちごっこ」だと述《の》べられています。

チェックポイント　言葉の意味をさぐる

言葉の意味は、前後の文脈からはわからないこともあります。知らない言葉に出会ったら、国語辞典などで調べるように心がけることが大切です。

● 2日 4・5ページ

1 (1)好印象を与える人

(2)話を聞き～すること

(3)(例)「からだ」で話し、「からだ」で考えていること。

(4)イ

(5)⑤相手の目を見る、うなずく、あいづちを打つ、微笑む、メモを取る、質問する、から一つ。

⑥前を見る、身ぶりをまじえる、手ぶりをまじえる、表情をまじえる、から一つ。

考え方

1 (1)「どういう人」かを問われている問題なので、「～人」という、八字の言葉をさがします。

(2)――②の直後に「意識していれば」と書かれているので、直前から何を意識するかをさがします。「そういうこと」が指しているものなので、「～こと」という言葉に着目します。

(3)指している部分をそのままぬき出すのではなく、「それ」と置きかえて、文章がつながるような形にまとめます。

(4)――④の直後に「おそらく教科書やプリントを読んでいるだけなのでしょう」と書かれています。「教科書やプリントを読んでいるだけ」とは、つまり「からだ」を使っていないのです。

(5)⑤聴き手の「からだ」を使った動作は、第二段落《だんらく》に書かれています。⑥話し手の「からだ」を使った動作は、――⑥の直前の段落に書かれています。

チェックポイント　指示語《しじご》を置きかえる

指示語が指すと思われる言葉を代わりに置きかえて、きちんと意味の通る自然な文章になることを確《たし》かめます。

● 3日 6・7ページ

1 (1)ア
(2)エ
(3)イ
(4)だから(「それで」「よって」なども可。)
(5)ウ
(6)ウ

考え方

1 (1) ① の前は、いのちは心臓にあると思っている人が多いという内容、 ① のあとは、心臓は(いのちそのものではなく)ポンプであるという内容なので、前後で内容が対立しています。対立している内容をつなぐのは「でも」「しかし」などの言葉です。
(2)「だから」や「それで」は、前の文を理由としてあとの文をつなげたり、前の文から予想される内容をあとの文に続けるはたらきをします。
(3)「ちなみに」は、前の内容に関連した内容を一時的に述《の》べるときに使われる言葉です。
(4)「~ので」や「~から」などは、「だから」「それで」と同じはたらきをする言葉です。
(5)「心臓の大きさ」から「心臓の音」に話題が変わるところなので、「次に」という言葉から始まる一文があてはまります。
(6)ウが第二段落の最後に書かれています。

チェックポイント　接続語《せつぞくご》の前後
接続語は、特に説明文などの内容を正確《せいかく》に読み取るときに大切なポイントとなる言葉です。接続語の前後の内容をよく読んで、どういう関係になっているかをおさえます。

● 4日 8・9ページ

1 (1)ア
(2)ウ
(3)(あ)広場　(い)氷がわれちゃうよー
(う)みずうみ(レイク)
(4)(例)こわさのあまり、シンタの足が動かなくなってしまった様子。
(5)四つんばい
(6)エ

考え方

1 (1)ブライアンとスティーブが「ストップ、シン!」と言っているので、ふつうならシンタは止まるはずです。しかしシンタは「止まれない」と言っています。□のあとの内容《ないよう》がふつうとは反対になっているので、ア「だけど」があてはまります。
(2)走って「止まれない」シンタに、風が「もっともっと」と言っているのです。
(3)四行目に「広場にふみこむと」とあります。シンタはペロを追って「広場」を走っているつもりでしたが、ブライアンが「氷がわれちゃうよー」と言ったことで、自分が立っているのが、広場でなく、氷の張《は》ったみずうみの上であることに気がついたのです。
(4)シンタはわれてしまうかもしれない氷の上にいることに気づき、動くことがこわくなったのです。「ぼう」になった足が「ガタガタふるえだした」とあることや「四つんばいになって」とあることから、シンタが立っていられないほどこわがっていることがわかります。
(5)直前で、シンタは「四つんばい」になってしまっています。
(6)シンタが、氷がわれるかもしれないおそろしさと戦いながら、岸にもどろうとしている場面です。氷をわらないように気をつけてもどろうと必死なので、冷たさを感じる余裕《よゆう》すらないのだと読み取れます。

チェックポイント　文章を味わう
足が「一本のぼうになる」、風が「もっともっととさけぶ」などの表現《ひょうげん》をおさえ、場面の雰囲気《ふんいき》を味わって読むとよいです。

● 5日 10・11ページ

1 (1)①ノック　②ガンちゃん

(2) スネイクスをやっつける
(3) (例)キャプテンのぼく一人が本気になれないこと。
(4) イ
(5) エ

考え方

1 (1) ①はじめは誠がノックをしていましたが、やがて「つかれてバットを岬くんのあたりまでふっとばした」と書かれています。そのあとで「代わってやるよ」と言っているので「ノック」であることがわかります。
②「わいわいやってるみんなを……もうれつなゴロをノックして」と書かれています。
(2) だれがノックするかでわいわいやっているようなチームなのに、「スネイクスをやっつける」なんてできるはずがないと、「ぼく」は思ったのです。
(3) 直前に「ぼく」の心の中の思いが（　）でくくられて書かれています。
(4) 直後に「ぼくはバンバンと……ひっぱたいた」とありますが、これは「いかり」の動作です。「いまいましい」は、「はら立たしい」という意味を表す言葉なので、これが適切であることがわかります。
(5) みんなが練習しているのに、自分はピッチャーをさがさなければいけないこと、また、自分一人だけが、みんなのように「スネイクスをやっつける」ことに本気になれないことなどから、「ぼく」は「わびしい」気持ちになっているのです。

チェックポイント　心情と動作
登場人物の心情は、具体的に言葉で書かれていたり、動作に表れたりします。どういう気持ちのときに、どういう動作をするのか、想像《そうぞう》しながら読み進めるようにします。

● 6日 12・13ページ

1 (1) イ
(2) 沙耶ちゃん、ごめ
(3) ①そんなこと言った　②苛立ちの表情
(4) ウ
(5) 水をかけられた犬みたいに頭をふるって

考え方

1 (1) ——①の直後に「沙耶ちゃんは、わたしに、そして自分に言い聞かせるようにくり返した」とあります。
(2) ふつう、指示語《しじご》の指す部分は、指示語より前にありますが、この問題のように、指すものが指示語よりもあとにくる場合もあることに注意します。
(3) ①沙耶が言ったのは「じゃあどうするの!?」だけですが、「わたし」はこのあとに続く沙耶の気持ちを『　』でくくられた言葉のように想像《そうぞう》したのです。実際《じっさい》に口に出した言葉ではないために『　』でくくられています。②「口には出さない思い」がこめられた沙耶の一言、「じゃあどうするの!?」の前に、沙耶は「思いがけなく苛立ちの表情を見せた」とあります。何もできない「わたし」への思いが、かくしきれず表れています。
(4) 沙耶ひとりだけなら泳いで帰ることができるのに、何もできない「わたし」がいることが沙耶にとって重荷になっていると、「わたし」は考えたのです。
(5) 「わたし」の言葉にむきになって、「じゃあどうするの!?」と言った沙耶ですが、すぐにそれではいけないと思い直したときの動作です。

チェックポイント　心情の変化
心情の移《うつ》り変わりは、言葉だけでなく、行動や情景などによっても表されます。直接《ちょくせつ》は無関係に思える表現にも注意します。

● 7日 14・15ページ

1 (1) ①生物…ウ　結果…(例)地球の大変動やつめたい気候をのりこえることができた。
②生物…ア　結果…(例)2億年ものあいださかえつづけた。

③生物…イ　結果…(例)地球の各地にふえていった。

(2)①恐竜

②あ あたらしい種類　い 地球の気候

(3)絶滅

考え方

1 (1)「生命の設計書」という言葉は文中に全部で四回出てきます。最初が「はちゅう類」、二つ目が「鳥類とほにゅう類」、三つ目が「ほにゅう類」の「生命の設計書」についてです。また、それぞれのところで、「そのため」や、「ので」といったつなぎの言葉が使われているのにも着目します。

(2)①前の段落に「その恐竜が、学者が大絶滅とよぶ時期をさかいに、大部分消えてゆきました」とあります。②「そこへ……がくわわったのが、大絶滅の原因になった」と書かれているので、「……」の部分に原因の一つが書かれ、この前にもう一つの原因が書かれていることがわかります。

(3)最後のまとめの段落です。「きびしい自然」が、恐竜などの大型はちゅう類の「大絶滅」をもたらしたことが文章前半に書かれていることに着目します。

チェックポイント　接続《せつぞく》する言葉に注目

原因と結果は、「だから」「なので」などの言葉で結ばれます。また、理由は「なぜなら」などの言葉で導《みちび》かれることが多いです。

● 8日 16・17ページ

1 (1)深い関係

(2)②ウ　③オ

(3)人間とは、道具を使う動物である。

(4)①自然にある物に加工する

②チンパンジーは、シロ

(5)①二次的製作

②道具を使って新しい道具を作る能力

考え方

1 (1)二つのものの関係の強さを「深い」「浅い」で表すことがあります。

(2)②の前には「人間とは、道具を使う動物である」という言い方が適切であるように思えることが書かれていますが、②のあとにはチンパンジーも道具を使うことが書かれています。内容が反対になっていることから「ところが」が適切であることがわかります。③の前には東アフリカのチンパンジーの例が、③のあとには西アフリカのチンパンジーの例が書かれています。二つの例が続けて挙げられているので、「また」が適切とわかります。

(3)第二段落《だんらく》で「人間とは、道具を使う動物である」と述《の》べたあと、その言い方が適切でないという例を、第三・四段落で書いています。表現が適切でないから、「人間とは、道具を作る動物である」と言いかえたのです。

(4)①――⑤の直前の段落に「道具を作る――自然にある物に加工する」と書かれています。「道具を作る」という言葉の言いかえです。②直前の一文を受けて「チンパンジーも道具を作る能力を持っている」と述べていることに着目します。

(5)⑥直前の段落に、チンパンジーと人間の、道具作りのちがいについて書かれています。「道具を使って新しい道具を作る」こと、つまり「二次的製作」ができるかどうかが、チンパンジーと人間のちがいなのです。

チェックポイント　言いかえの表現

「言いかえ」は、強調したいときや、説明をわかりやすくしたいときに行われます。何が何に言いかえられているか正しくおさえると、文章を読み取るカギになります。

● 9日 18・19ページ

1 (1)ウ

(2)あ負けた者は損

い(勝った方も)負けた方も得

(3)大きい殻の小さい(ヤドカリ)

(4) (例)いくら攻撃されても殻から出てこなくて。
(5) ㋐おそわれた　㋑攻撃する　㋒大きさ
(6) (例)「取り引き」は「争い」とちがい、両者が得をする。

考え方

1 (1) ［①］の前には「どちらのヤドカリも適当な大きさの殻を持つことになる」とあり、［①］のあとには「どちらのヤドカリも、殻交換で得をするはず」とあります。前の内容《ないよう》からあとの内容に自然につながるので、「だから」が正解《せいかい》です。

(2) ――②の直後の文章から、うまくつながる言葉をぬき出します。「負けた者は損」「負けた方も得」などのように、一字一字よく見ながら正しくぬき出します。

(3) 「小さい」も「大きい」と、「大きい」を「小さい」とそれぞれ反対の言葉に置きかえます。

(4) ――⑤の直後に「すぐ殻を明けわたす」とあります。これと反対の内容になります。解答《かいとう》は、同じ段落《だんらく》の書き出しの文の一部を、「がんばって」に入れ替えて意味が通るように答えます。「殻を明けわたさなくて」と書いても正解です。

(5) 「攻撃するヤドカリは、相手を追い出すとき、必ず殻をぶつける行動をします」と書かれているところに着目します。おそわれたヤドカリは、この行動を利用して、相手の殻の大きさを知る可能性があるのです。

(6) 両者が得をするので、「争い」より「取り引き」と言ったほうがいいと述《の》べています。

チェックポイント　ちがいを読み取る
二つの対立するものが書かれている場合、その二つのちがいを正しく読み取ることが、内容をつかむ上で大切になります。

● 10日 20・21ページ

1 (1) ①気候がかわること
②㋐絶滅　㋑生態系
③ホッキョクグマ…(例)海があまり凍らなくなってしまった。
マダラヒタキ…(例)子育てをする時期とえさとなる虫が発生する時期がずれてしまった。
④えさ　⑤私たちのくらし
(2) ウ

考え方

1 (1) ①第二段落《だんらく》に、「気候がかわることで、生きものたちのすむ環境がかわってしまい」とあります。「気候がかわる」が原因で、「生きものたちのすむ環境がかわる」が結果を表しています。②文章前半に、ホッキョクグマやマダラヒタキのように数がへって「絶滅」しそうな生きものが増《ふ》えることが書かれ、後半に、生きものの移動によって「生態系」がくずれることが書かれています。③「ホッキョクグマは、氷の上でアザラシなどをつかまえて食べています」と書かれています。海があまり凍らなくなったという環境の変化で狩りがしにくくなっているのです。マダラヒタキについては、子育ての時期に虫がたくさん発生しなくなったという環境の変化でヒナが育たなくなりました。④どちらにとっても、「えさ」を得られにくくなっていることを読み取ります。⑤第六段落に「急激に気候がかわっているという問題には、私たちのくらしが大きくかかわっていると考えられます」とあります。人間の生活が、世界中の生きものの生活に影響《えいきょう》をあたえているのです。

(2) アは「夏のあいだだけ」があやまり。「ホッキョクグマは、絶滅するかもしれない」とは書かれていますが、「夏のあいだだけ」とは書かれていません。イは「ヒナは、高い気温に弱い」が文中に書かれていないためあやまり。エは、熱帯の蚊はあたたかくなったところに移動はしますが、それだけが「生きのびる」とは書かれていません。

チェックポイント　原因と結果
原因は何かを正しく読み取るためには、文章の一部だけでなく全体をよく読む必要があります。

● 11日 22・23ページ

1 (1)①保健室　②コウジ・ミカ(順不同)
(2)イ
(3)あきょうだい　いクラス
(4)ア
(5)ア

考え方

1 (1)①二人が保健室でケガの手当てをしてもらっていたことから考えます。②文章後半で、コウジが「ぼく」に向かって「ミカとケンカしてしもうた」と言っている点から読み取ります。
(2)[②]の前の内容《ないよう》があとの内容の理由になっていることを読み取ります。
(3)「ぼく」とコウジとの会話から、ミカと「ぼく」はきょうだいであることがわかります。また、クラスのみんなが笑っているとき「そこにミカの姿はなかった」とあることから、ミカは「ぼく」と同じクラスであることがわかります。
(4)「ぼく」とコウジが理科室に着いたとき、すでに授業が始まっていたことをおさえます。二人の共通点は授業におくれてきたことなので、アが正解《せいかい》です。
(5)コウジは「お前やなくて、ミカのこと」と言っています。ミカは「ぼく(＝ユウスケ)」のきょうだいであり、そんなミカとケンカしてしまい、「ぼく」に対してもうしわけなく思っていると考えられます。

チェックポイント　話の展開《てんかい》をとらえる
まず登場人物の関係を正しくつかむことが大切です。細かい表現《ひょうげん》にも気を配って、話の展開をとらえます。

● 12日 24・25ページ

1 (1)二つ目…2ヶ月がすぎると
三つ目…いよいよ協会の訓
(2)一つ目…繁殖奉仕
二つ目…飼育奉仕
三つ目…本格的・訓練
(3)(例)(ぜったい)させないでください。
(4)・(例)ハーネスをつけること。
・(例)いつも人間の左側を歩くこと。
・(例)段差があるところや階段のはじまりとおわりで、かならず立ち止まること。
(5)ウ

考え方

1 (1)(2)一つ目のまとまりが、繁殖奉仕のボランティアの家で盲導犬になる犬が生まれ、2ヶ月育てられるという内容です。二つ目が、飼育奉仕のボランティアの家族の一員として犬が1年間育てられるという内容です。三つ目が、協会の訓練所でたくさんのことをまなぶ訓練が始まるという内容です。
(3)「自転車の伴走も」とあることに着目します。「〜も」なので、直前の「間食の習慣」と同じ「ぜったいにさせないで」もらいたいことだと考えられます。
(4)三つの訓練は「まず」「つぎに」「そして」というように、わかりやすく順を追って説明されています。
(5)アは、犬に名前をつけるのは繁殖奉仕の仕事なのであやまりです。イは、犬が生まれてから2ヶ月までは繁殖奉仕が育て、その後は飼育奉仕にあずけられるのであやまりです。エは、ハーネスは「盲導犬が主人をみちびく道具」なので、使われるのは訓練のときだけではありません。

チェックポイント　段落《だんらく》と接続語《せつぞくご》
段落の構成《こうせい》をとらえるには、内容面はもちろんのこと、「まず」「そして」などの接続語も重要な手がかりになります。

● 13日 26・27ページ

1 (1)(例)「ぼく(坊)」が眠りすぎること。
(2)居眠りなんかのつけこむ隙がなかった
(3)①居眠り
②(例)勉強したり遊んだりするときに張り合う仲間がいないこと。
(4)①短気　②仲間
(5)エ

考え方

1 (1)「呆れたように眺めて、こういったことがある」とあるので、この次の寅吉じいさんの言葉に「呆れた」内容《ないよう》が書かれています。
(2)「居眠りなんかのつけこむ隙がなかった」とは、友だちと遊んだり、勉強を競《きそ》い合ったりしていて、居眠りが自分の生活の中に入りこむ隙がなかった、という意味です。
(3)①東京にいたころはしたことのなかった居眠りの原因を考えているところです。②文の初めの「それ」の指す内容が「原因」にあたります。「それ」は寅吉じいさんの言葉を指しているので、そこから原因となることがらを短くまとめます。
(4)①「短気を起こす」とは、「しんぼうできずに怒《おこ》ったり投げ出したりする」ことです。②この村ではだれも友だちになってくれないと言っている「ぼく」に対して、寅吉じいさんが答えている点に着目します。
(5)「居眠り」ということがくり返し出てきますが、居眠り自体に主題があるのではなく、仲間(友だち)がいれば、張り合いができ、居眠りもしなくなるということが主題であることを読み取ります。

チェックポイント　文章の主題
くり返し出てくる言葉に着目し、その言葉を通して見えてくる主題を読み取ります。

● 14日 28・29ページ

1 (1)①爆発・噴火(順不同)　②ウ
(2)②エ　③ア
(3)四(つ)
(4)(例)生命繁栄の舞台、地球をつくってきたこと。
(5)ウ

考え方

1 (1)①火山は「爆発」や「噴火」をすることによって、溶岩や火山灰、火山弾、軽石などをふきだし、大きな災害をひきおこすことが書かれています。②アのような、爆発や噴火が「おきないよう」にすることにはふれられていません。イのようなことも書かれていません。エは、火山による恩けいについては書かれていますが、科学者が火山の力をおそれて恩けいを強調するとは書かれていません。
(2)この段落《だんらく》と次の段落で、直前に書かれた、「噴火による災害が大きくならないよう」な具体的な努力の例が挙げられています。したがって、最初の[②]には「たとえば」が入ります。[③]は前後の文がともに、「マグマが地表へでよう」とするときの現象について述《の》べているので、同じことがらをならべるときに使う「また」があてはまります。
(3)「恩けい」とは、「めぐみ」のことです。書かれている恩けいは、①牧場や畑などに利用される「広いすそ野」、②天然の肥料となる「火山灰」、③「金、銀、銅などの鉱物資源」、④「マグマのもたらす熱」の四つです。
(4)最後の段落には、最大の恩けいとして「生命繁栄の舞台、地球をつくってきたこと」が挙げられています。
(5)アもイも文中に書かれていることですが、全体を通してみると、ウの結論が最も適切といえます。エのようなことは書かれていません。

チェックポイント　結論を導《みちび》く
文章の結論や、筆者の最も言いたいことは、文章全体を通して導かれるものです。細かいところにとらわれないようにします。

● 15日 30・31ページ

❶ (1)著作物
(2)②エ　④イ
(3)ウ
(4)著者
(5)エ
(6)エ

考え方

❶ (1)「その本」とは、自分以外の人が書いた本を指しています。つまり、人がつくり出したもの(=著作物)を自分がつくり出したもののように使う、ということを禁じた文であることをとらえます。

(2)②の前には、人の著作物を利用することは禁じられていることが書かれていて、②のあとには、その例外として許《ゆる》される場合が書かれているので「ただし」が適切です。④の前には「小説家や研究者だけにかぎったことではありません」とあり、④のあとには、その具体例として「友だち」の場合どうなるかが書かれているので「たとえば」が適切です。

(3)[②]のあとに「……いいことになっています」とあることに着目します。

(4)「その」は、小説家や研究者などに「(その人たちがつくり出したものを)使ってもいいですか？」と聞くことを指しています。

(5)この文章でくり返し述べられているのは、人の著作物を勝手に使ってはいけない、ということです。それは、人の著作物をたいせつにしなければならないという、筆者の考えの表れだということをとらえます。

(6)だれかの作品や研究はたいせつにすべきという主張への反対意見は文章内には見られません。

チェックポイント　筆者の主張
文中で筆者が最も伝えたいことは何かを見きわめるようにします。

● 16日 32・33ページ

1 (1)兄ちゃん・恭くん・智明くん(順不同)
(2)怒る
(3)(例)(じゃがまる)がやった。
(4)物に八つ当たりする(こと。)
(5)あ目をぬすんで　い こそこそ
(6)エ

考え方

1 (1)じゃがまるの言葉に着目します。どういう順番で答えを書いてもかまいません。

(2)「癇癪」とは、怒りっぽいことを表す言葉です。「癇癪を起こす」「癇癪持ち」といった使い方をします。

(3)「……がちらかした。」「……が八つ当たりした。」「……が癇癪を起こした。」などでも正解《せいかい》です。

(4)章は「そこいらじゅうに投げだされた雑誌やクッションやテーブルクロスを見て、ぎょっとし」ました。これは、じゃがまるが怒って「物に八つ当たり」した結果であることをとらえます。

(5)「章くんの視線がぼくらにうつった」ことで、ナスはしどろもどろになりました。章に対してうしろめたいことがあると考えられます。文章の最初に「章くんの目をぬすんでは、ぼくら三人がこそこそやっている」とあることに着目します。

(6)直前に「そのいらだちはじゃがまるを飛びこえてぼくらにむかってきた」とあります。泣きわめいているじゃがまるよりも、その騒々しさの原因《げんいん》をつくった「ぼくら」に対して章はいらだっていることを読み取ります。

チェックポイント　行動の原因と結果
問題となっている行動の原因となることは、必ず文中に書かれています。何気ない表現《ひょうげん》にも気をつけて、読み取ります。

● 17日 34・35ページ

1 (1)あ親ギツネ　い子ギツネ

(2) あいかわらず
(3) (例)親ギツネが子ギツネをたずねてきていることがわかったから。
(4) イ
(5) 夜
(6) ① (例)犬は昼の間、つながれているから。
② 前…だいたん　あと…りこう

考え方

1 (1) 直前の正太郎の言葉から読み取ります。
(2) 正太郎は、子ギツネが食べ物を食べていないように見えるのに、それでも子ギツネが死なずに成長していくことがふしぎだったのです。
(3) 正太郎は死なない子ギツネを見て、実は親ギツネが来ているにちがいないと思い、ほっとしたのです。
(4) 親ギツネが子ギツネのところに来たことを示《しめ》す証拠《しょうこ》です。
(5) 正太郎は、親ギツネはてっきり夜に来るものだと思いこんでいたので、夜だけ見はっていたのです。
(6) ① 昼は明るいので見つかりやすいが、犬がつながれているため、犬におそわれることはありません。「なるほど」という言葉から、正太郎がわけを理解《りかい》したことがわかります。
② 人に見つかりやすい昼間にやって来たことを知って、「だいたんなやつ」と思っていたのですが、昼間に来るわけを知って「キツネのりこうさにすっかりおどろいてしまった」と変わりました。

チェックポイント　気持ちを読み取る
主人公はどういう気持ちでいるのか、なぜそういう気持ちになっているのかを、さまざまな言葉、表現《ひょうげん》から読み取ることが大切です。

● 18日 36・37ページ

1 (1) ウ
(2) ア
(3) 夏美・綾・梨紗子(順不同)
(4) (例)かな子の身になにかが起きて二度と会えなくなること。
(5) エ
(6) (例)むかえに来てくれたかな子を置いていったこと。

考え方

1 (1) 文章全体を読むと、夏美たちはかな子の姿が見あたらないことを心配していることがわかります。山で迷っているのではなく、どこか安全なところで寄り道をしているだけだと思いたい、という気持ちが「迷うわけない」という言葉に表れています。
(2) 事務所のひとは「危険のない山なんてないんだよ」と言っています。山をあまく見ている夏美たちをたしなめる気持ちがあったと考えられます。
(3) 名前のある登場人物で、かな子だけは最後に登場するので、かな子以外の名前をさがします。
(4) このあとの三文で、「わたし(夏美)」のせいでかな子は道に迷った、もしかな子がこのまま帰ってこなかったら…、と考えて「こわ」いと感じたのです。「かな子の身になにかが起きたらわたしのせいになること。」という答えも正解《せいかい》です。
(5) 直前の「照れたように」に着目します。
(6) 文中に「一番悪いのはわたしだ。むかえに来てくれたかな子を置いていった」とあります。夏美はかな子が迷ったのは自分がかな子を置いていったせいだと思い、謝ったのです。

チェックポイント　言葉から読み取る
登場人物のせりふは、心情《しんじょう》を考える上で重要になります。どういう様子で言ったのか、その言葉のうらには何があるのかをとらえます。

● 19日 38・39ページ

1 (1) ① (例)ニュートンがうまれこきょうにか

えってきたとき。

②ア

(2)エ

(3)地動説

(4)ウ

考え方

1 (1)①ペストの流行で大学が休校になり、うまれこきょうにかえっていたときのことです。②このとき発見したのは「引力がある」ということだけであり、その「法則」や、「どうやって計算したらよいかということ」まではまだわかっていない、ということをおさえます。

(2)引力の法則が発見されるまでは、地動説にはさまざまな「大問題」があり、だれもその問題を説明できませんでした。しかしニュートンはその問題を解決したため、『プリンシピア』があたらしい教科書として人々のあいだで使われるようになったのです。

(3)(2)の解説でも述《の》べたように、引力の法則により、「大問題」の説明ができるようになって「地動説」の正しさがみとめられるようになったのです。

(4)ウの内容は第五段落に書かれています。

チェックポイント **文章の順をおさえる**

伝記では、主人公のしてきたことが年代順に書かれることが多いので、いつ、どんなことがあったのかを正確《せいかく》に読み取ります。

● 20日 40・41ページ

1 (1)①つよい放射能

②(例)ピッチブレンドには、まだだれも発見していない元素がかくされているのではないか。

(2)①ラジウム

②ウランの二百万ばいもの、放射能をもっている

(3)ひろい砂浜におとしたひとつぶのダイヤモンドをさがすような作業

(4)(例)ラジウムを、だれの目にも見えるほどの量をとり出すまでには、大量の鉱石がひつようだったから。

(5)(例)情熱的でしんぼうづよい。

考え方

1 (1)①文中には「『えっ?』とおもったほどつよい放射能」と書かれています。②「これはへんだわ」に続いて、マリーはその原因を考えています。

(2)①一八九八年に「なぞの元素」をとらえ、マリーがラジウムと名づけました。②句読《くとう》点《てん》もふくめて、まちがえないよう数えます。

(3)「気のとおくなるような」とは、この場合、「どれくらい手間と時間がかかるかわからない」という意味です。「ひろい砂浜におとしたひとつぶのダイヤモンドをさがすような作業」はまさに「気のとおくなるような」ものであることをつかみます。

(4)同じ段落《だんらく》に理由が書かれています。新発見の証拠となる量のラジウムを集めるために、大量の鉱石がひつようだったのです。

(5)第七段落に、「実験は、マリーの情熱としんぼうづよさにささえられて、何百回、何千回とくりかえされました」とあります。力しごとの実験と研究を、助手もつかわずにくり返すマリーのすがたはまさに「しんぼうづよい」という言葉がふさわしいといえます。

チェックポイント **伝記を読む**

マリーがおこなった研究のきっかけとその内容《ないよう》・結果とともに、研究の大変さも文中から読み取ります。

● 21日 42・43ページ

1 (1)イ

(2)①㋐ナオキ　㋑兄

②イ

(3)(例)アッシが外へ遊びに行く

(4)入院

(5)(例)今日はアッシが入院する前の日なので、ずっとアッシと一緒にいようと決めていたから。

考え方

❶ (1)少年から「遊びに行こう」と声をかけられたときのアッシの心情《しんじょう》を読み取ります。このあとアッシが「あわててマンガを置いて立ち上が」ったことや、アッシと母との会話の様子からアッシは少年からのさそいがうれしかったと考えられます。

(2)①このあとの、アッシと母との会話から、少年の名前やアッシとの関係がわかります。

②本当は外で遊ぶべきではないアッシを遊びにさそっているので、気まずさから目をそらしているのです。

(3)二文あとに「あんのじょう」とあります。「あんのじょう」とは、「思ったとおり」という意味です。

(4)文章最後の二文から、「今日」はアッシが入院する前の日であることがわかります。入院前だから、「ゆっくり休んでなきゃだめ」なのです。

(5)少年は「アッシと遊んだって面白くない」「クラスの友だちと遊ぶ約束をしておけばよかった」などと不満をもらしながらも、最後の段落《だんらく》で友だちと遊ぶことなく、アッシと一緒にいることを選んでいます。「もともと」アッシと一緒にいるつもりだったので、友だちと遊ぶ約束をしなかったのだとわかります。

チェックポイント　気持ちと行動

登場人物の行動から気持ちを読み取り、反対に、気持ちから行動を読み取ります。また、心情の移《うつ》り変わりにも着目します。

● 22日 44・45ページ

1 (1)ジャングルジム

(2)ウ

(3)①氷の白いところやちいさなあわ

②長い時間をかけてゆっくりこおらせる。

③透明な氷ができるから。

(4)ゆっくり長

考え方

1 (1)「氷のジャングルジム」は、水が0度になり、水の分子がほかの水の分子とつぎつぎにつながりはじめたときの様子です。

(2)次の段落に着目します。「氷は、水の分子だけで規則正しくつながろうとするとてもがんこなあつまりなのです」とあります。

(3)①三段落あとに「冷凍庫の氷の白いところやちいさなあわは、……氷の中にとじこめられた空気だったのです」とあります。②直後の段落に注目します。「ゆっくり長い時間をかけて温度をさげてゆく」と、少しずつ空気をおしだして氷になると書かれています。③最後の段落に、「氷屋さんも、透明な氷をつくるときには、……ゆっくりと水をこおらせるそうです」とあります。

(4)前半は、水が氷になるときの水の分子の様子について書かれています。後半は、空気の分子が氷の中にとじこめられない方法について書かれています。「水の分子」という言葉が出てくるのは第四段落までなので、第五段落からが後半と考え、はじめの五字をぬき出します。

チェックポイント　具体例に注目

文章の内容を、よりわかりやすく説明するために使われるのが具体例です。「冷凍庫の氷」「自然の氷」「氷屋さんの氷」が何の例にあたるのかをおさえます。

● 23日 46・47ページ

1 (1)ゆっくりな食べもの

(2)あそれぞれのペース　い独自

(3)①(例)欲ばっていっぺんにたくさんとってしまうこと。

②(例)自分たちの食べるものがなくなる。

(4)自分のくらしのペースの中に引き入れる

(5)野生

考え方

1 (1)「スローフード」では、どこが「変」なのかわかりにくいかもしれないので、直後の文で「ゆっくりな食べもの」と言いかえています。

(2)「ニンジンにはニンジン時間があり、ニワトリにはニワトリ時間がある」というように、生きものごとに独自のペースや時間があることを読み取ります。

(3)①「木や草が生きるペース」の一つに、次の世代が育つペースがあります。いっぺんに木や草をたくさんとるというのは、そのペースを考えていないことになります。

②次の世代が育たないうちにたくさんとってしまえば、次にとるものが足りなくなってしまい、結局人間が困ることになります。

(4)「生きもの時間」に合わせるだけでなく、それを自分のペースに合うように工夫《くふう》して、たくさんとれるようにするのが農業や牧畜や養殖です。

(5)直前の「これもまた」に着目します。イネやムギなどが、「野生の植物」とは「ちょっとちがう時間や空間の中」で生きていることをふまえた上で、牛、豚、ニワトリなどの動物について、「これ(動物たち)もまた」と述《の》べているのです。

チェックポイント　例をおさえる

説明文や論説《ろんせつ》文では、具体的な例が筆者の言葉を理解《りかい》する上で、大切になってきます。挙げられている例が、何を説明するためのものかを考えるとよいです。

● 24日　48・49ページ

1 (1)①樹洞　②板壁の隙間　③新建材の隙間　④水抜きパイプ

(2)(例)人間によって森が破壊されたから。

(3)柔軟

(4)木

(5)ア

(6)エ

考え方

1 (1)第一段落《だんらく》から第五段落まで、順に書かれています。各段落から、文字数にあった言葉をさがします。

(2)もともとスズメは、自然の木の樹洞にすみかをつくっていましたが、人間が森を破壊して樹洞が少なくなったので、人間のつくったものを利用するようになったのです。

(3)最後の段落に「時代とともにその変化に柔軟に対応しながら」と書かれています。「柔軟」とは、もともとは「やわらかい、しなやかなさま」を表す言葉ですが、そこから、「その場に応じた行動のできるさま」を表す言葉として使われるようになりました。

(4)直前に「名前が示すとおり」とあります。スズメの英語の名前の中に「ツリー」という「木」を意味する言葉が入っていることから考えます。

(5)「自分の先祖が樹洞に暮らしていた」とあるので、スズメとわかります。

(6)アは、人間がスズメに合わせたのではなく、人間のつくったものをスズメが利用しているのであやまりです。イは、「よりよいもの」かどうかは文中から判断《はんだん》できないためあやまりです。ウは、「スズメを追いはらうため」という部分が文中からまったく読み取れないためあやまりです。エは、文章最後に書かれています。

チェックポイント　説明の流れをつかむ

ものごとの移り変わりが説明されている文章では、どのように変化したか順を追ってまとめると、全体を見通すことができます。

● 25日　50・51ページ

1 (1)ですから、地震

(2)②イ　⑤ウ

(3)なんのまえぶれもなく・とつぜん

(4)①(例)いきなり人々をおそうことがあると

ころ。

②(例)日本のどこにでも危険があるわけではないところ。

(5)ア

(6)(例)家の中の家具がたおれないよう固定しておく。

考え方

1 (1)すぐあとに「地震はとつぜんくるから?」とありますが、地震がこわいのはそれだけではなく、「どこにくるか」わからない、という点もあることをとらえます。

(2)②の前で「地震のように、なんのまえぶれもなく、……ほかにはまずありません」と書かれたことを受けて、②のあとで他の災害の例を挙げています。⑤の前では、火山の災害が地震とにているところ、⑤のあとでは地震とはちがうところが書かれていることをおさえます。

(3)ほかにも「急に」「不意に」など、ほぼ同じ意味を表す言葉があります。

(4)(2)の⑤で見たように、⑤の前後に火山災害と地震災害のにたところ、ちがうところが書かれています。

(5)直前までの話題に着目します。筆者は、地震は「くるときにはかならずくる」「まちがいなくくる」と、何度もくり返し述《の》べています。ここから、⑥にも、同様に地震がまちがいなくくるものであることを示《しめ》す言葉が入ることがわかります。

(6)答えは、「非常食や水をそなえておく。」「ひなん場所を確《たし》かめておく。」などの今すぐに始められることでも、「大学で地震の研究をする。」「地震でたおれない建物を発明する。」などのように未来の夢《ゆめ》に結びつけたものでもかまいません。

チェックポイント　自分の考えを書く

何を問われているかをとらえ、それにそってわかりやすい言葉で書くようにします。

● 26日 52・53ページ

1 (1)生まれてきた

(2)だれ

(3)(例)わからない

(4)9(行目)

(5)ア

(6)ウ

考え方

1 (1)1~3行目「だれかに　あいたくて/なにかに　あいたくて/生まれてきた——」とあります。出会うべき人やことがらがあるから生まれてきた、自分が生まれてきた理由となる人やことがらがある、ということです。

(2)直前の「それ」は、作者があいたいと思っている人やものを指していることに着目します。それが「だれ」かも「なに」かもわからないので「とほうにくれている」のです。

(3)(2)の解説《かいせつ》で述《の》べたように、「わからない」から、「とほうにくれるてい」のです。「知りたい」などの答えも正解《せいかい》です。

(4)「~みたい」「~ようだ」などは、たとえを表す言葉です。「迷う」と似《に》た意味の言葉は「とほうにくれる」です。

(5)「みえないことづけ」を手わたしたいからあいたいのだということをおさえます。

(6)今はまだだれにあいたいのか、どんなことを伝えたいのかわからないので、ウのように「迷うことなく」というのはあてはまりません。

チェックポイント　詩の読み取り

詩は、読んだときのリズムが大切なので、それに合わせた言葉が使われます。意味がよくわからないときは、何度も音読するとよいです。

● 27日 54・55ページ

1 (1)イ

(2)ウ

(3)ア
(4)イ
(5)エ

考え方

1 (1)4～6行目に、どのように笑っていたのかが書かれています。

(2)まだ小さい頃、ともだちと幸せなときを過ごしたことを表す場面です。「階段を下りて」どこかへ向かおうとしている様子が読み取れます。また、6行目に「笑ってた」とあることから、このあとに何か楽しみが待っていることが読み取れます。以上二点をふまえたウが正解《せいかい》です。

(3)「その頃」は7行目「こんな日」のことを指しています。つまり、「何がそんなにうれしいのか／と思うほど／笑ってた」小さい頃のことです。

(4)人は必ず成長し、「小さい頃」にはもどれないということを「帰っていけない」と表しています。

(5)小さい頃はともだちと笑っていた「ぼく」。そのときの気持ちが今も残っていることを発見したという詩なので、エが正解です。

チェックポイント　詩の主題

詩では、作者の気持ちが他のものにたとえられて表現《ひょうげん》されることが少なくありません。また、題名は、詩の主題を短く表したものであることもおさえるとよいです。

● 28日 56・57ページ

1 (1)ア
(2)銀河を産んだように
(3)ウ
(4)冬
(5)ウ
(6)イ
(7)プール
(8)F山(木)　Gプール(水)
H空　I海(水)
J空

考え方

1 (1)がらすを磨いて待つという行動からは、やってくる「春」をきれいな状態《じょうたい》でむかえようという思いが感じられます。「春」のおとずれを喜んでいるのだと考えられます。

(2)「銀河を産んだように」とたとえることで、単に「涼しい」と表現するよりもスケールの大きさが伝わってきます。

(3)「かがやける月」に向かって「尾花」を「ささ」げているので、月の美しさをたたえているのだとわかります。

(4)「雪」が降るのは「冬」です。

(5)「見知らぬもの」という言葉に注目します。

(6)「分け入つても」をくり返すことで、山の大きさや、木々がどこまでも続いている様子を表現しています。

(7)前半は、跳躍台に人がいないという景色、後半は、プールが真青であるという景色を表しています。飛びこみが始まる前の静まり返ったプールの様子や、そこから伝わる緊張《きんちょう》感を表した俳句です。

(8)「よい天気」は晴天のことを表現しています。

(9)Iは海にちっていくさくらを表した俳句です。Jは、まるで青い空からしだれざくらが咲《さ》いているようだという意味の俳句です。いずれも、さくらと、その背景《はいけい》の「青」の美しさを表した俳句になります。

チェックポイント　短歌と俳句

短歌は三十一字、俳句は十七字という短い言葉に、どのような気持ちがかくされているかに注意しながら、味わうようにします。

● 29日 58・59ページ

1 (1)ア
(2)②かわいそう(なこと)　③なんとかして
(3)おぼゆれ
(4)(例)相手を思いやって言葉をかけること。

(5)エ
(6)(例)心が美しく、才知もある人。
(7)情

考え方

1 (1)この文は、「よろづのこと」よりも「思いやりの心」が人間には大切であるという内《な》容《よう》から始まります。その後の展《てん》開《かい》も、ずっと思いやりの大切さについて述《の》べていることから、筆者にとってこの「思いやりの心」が何よりも大切であることが読み取れます。よって「すべてのこと」という意味を持つアが正解《せいかい》です。

(2)【古文】と【現代語訳】を照らし合わせて、どの言葉とどの言葉が結びつくのかを考えます。

(3)④は【現代語訳】では「思う」という言葉になります。ほかにも「思う」と書かれているところをさがし、【古文】と照らし合わせて答えます。

(4)「さるべきこと」とは【現代語訳】では「当たり前のこと」と書かれています。「かならず心配してくれるはずの人」にとっての「当たり前のこと」とはつまり、「心配すること」です。第一段落《だんらく》の内容をふまえて「相手を思いやる言葉を口にすること」と理解するのがよいです。

(5)【現代語訳】では「そうではない人」と書かれています。直前の文から、「そう」が指しているのは、「かならず心配してくれるはずの人」「たずねてくれるはずの人」であることが読み取れます。よって反対の意味をもつエが正解です。

(6)「ありがたきこと」とは「めったにないこと」という訳になります。「めったにないこと」の直前の言葉に着目します。

(7)(1)でも述べたように、筆者は「思いやりの心」が何よりも大切だと書いています。

チェックポイント 古文を読む
まずは、読み慣《な》れることから始めましょう。同じ古文を何度も口に出して音読するだけでも効果があります。

● 30日 60・61ページ

1 (1)①ウ ④エ
(2)イ
(3)不安な想い
(4)エ
(5)天へもとどく草
(6)ア

考え方

1 (1)①次の行の「吹き倒されそう」という表《ひょう》現《げん》から、「風が激しく吹きまくる晩」は、ウの「たえがたい困難におそわれている様子」が最もふさわしいとわかります。④次の行の「太陽がやさしくほほえむ時」というのは、太陽が何かをやさしく照らしている様子の表現であるため、「朝」という言葉は、エ「希望を見つけ出し、前向きになった様子」を表現しているとわかります。

(2)「いちずに」は、一つのことに集中することを表す言葉です。「ひたすらに」「ひたむきに」などが同じ意味をもちます。

(3)つる草は、このままでは「支柱と一緒に吹き倒され」てしまうと「不安な想い」を感じたため、支柱から離れようとしたのです。

(4)支柱から離れることなく、無事に朝をむかえられたことを喜んでいる場面です。

(5)一行目と二行目にほぼ同様の表現があることに着目します。最初と最後に同じ文をのせることで、「支柱」と「つる草(＝わたし)」の関係を強調しています。

(6)自分を支えてくれる柱になる存《そん》在《ざい》を大切にすること、どんな困難があっても支柱から離れないこと、そうすればどんどん成長して伸びて行くことができることを伝えようとしている詩です。

チェックポイント 詩を読み取る
「つる草」の生き方としてえがかれていますが、人間の生き方にも通じるものであることをおさえられるとよいです。

● 進級テスト 62～64ページ

❶ (1)ウ
(2)(例)そうかなあ。(ぼくにはできないなあ。)
(3)エ
(4)イ
(5)曲がった
(6)⑥ウ ⑦ア
(7)B

❷ (1)9(行目)
(2)(あ)さよなら (い)感覚
(3)(あ)傷つく (い)精神

考え方

❶ (1)すぐあとに「おそすぎることはあっても、速すぎることはない」とあるので、「すぐに」という意味の言葉であることがわかります。

(2)前半で「ぼく」が何度仕かけを流しても、「エサが取られるだけだった」とあります。ここから、「ぼく」は釣りを「かんたん」だと思っていないことがわかるので、「……」には否定的《ひていてき》な言葉が入ります。直後の「みごとすぎて」に着目して、「みごとだなあ。」「すごいなあ。」などでも正解《せいかい》です。

(3)「くやしくもない」から「くやしさがわいてきた」に変わっているので、「しかし」が適切だとわかります。

(4)直前の「ぼく」の言葉「ちくしょう、……ぼくだって」に着目します。トモのみごとな見本を見て、くやしさがあふれ、むきになっているのです。

(5)トモが手本を見せている場面に着目します。魚がかかったときのさおが「ぐぐっと曲がった」と書かれています。

(6)⑥「ドキドキ」は胸が高鳴る様子を表す言葉です。⑦「キラキラ」はものがかがやく様子を表す言葉です。トモは、「ぼく」が釣り上げたイワナにおどろいて、目をかがやかせています。

(7)うまくいっていないときの言葉です。前半のイワナ釣りがまだうまくいっていない場面で、「ぼく」が弱音をはいているところをさがします。

❷ (1)前半は「ハンカチの木」について、後半は「ハンカチの木」と自分を重ね合わせている「わたし」について書かれています。「わたし」がはじめて登場する行をさがします。

(2)14行目に「さよなら」とあることから、作者には白い苞のひらめく様子が、別れるときのハンカチをふる様子に見えていると考えられます。また、7行目「そのたびに木の感覚は新しくなり」から、木が捨てているのは「古い感覚」だと読み取れます。

(3)11行目から「上着を脱ぐ」ことで、「傷つく」おそれがある、とわかります。6行目で「葉のいっさいを脱ぎ捨て」た木が、8行目で「風にさらされて精神はつよくなる」とあることから、「上着」を脱ぐことができれば自分も「精神」がつよくなるのでは、と「わたし」が考えていることが読み取れます。

チェックポイント 言葉を身につける
文章を読む中で、いろいろな言葉の使い方も身につけるよう心がけましょう。語い力は読解力《どっかいりょく》の基礎《きそ》となります。